THEORIE

DE

LA PROCÉDURE

CIVILE.

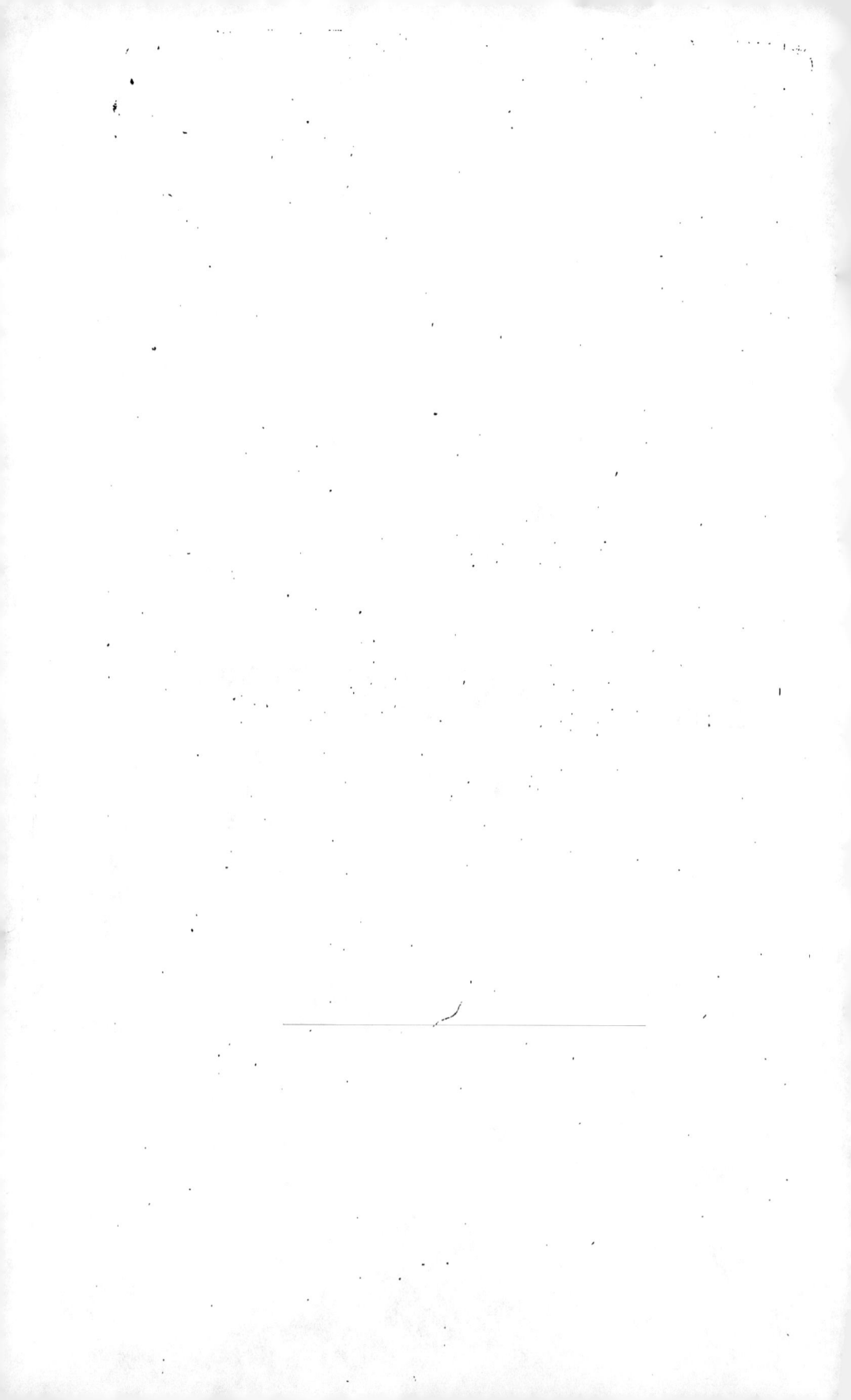

THEORIE

DE

LA PROCÉDURE

CIVILE,

PRÉCÉDÉE D'UNE INTRODUCTION

Par M. Boucenne,

AVOCAT A LA COUR ROYALE,

ET DOYEN DE LA FACULTÉ DE DROIT DE POITIERS.

Tome Second.

SECONDE PARTIE.

Poitiers,

SAURIN FRÈRES, LIBRAIRES.

PARIS,

Vᵉ Charles BÉCHET, quai des Augustins, Nᵒˢ 57 et 59;
ALEX-GOBELET, rue Soufflot, Nᵒ 4;
LECOINTE ET POUGIN, quai des Augustins, Nᵒ 49.

1831.

CHAPITRE VI.

DES DÉLIBÉRÉS ET INSTRUCTION PAR ÉCRIT.

L'INSTRUCTION ordinaire est achevée; les ART. conclusions déposées au greffe ont été lues à l'audience (1); les avocats ont plaidé; le ministère public a été entendu; il ne reste plus qu'à délibérer et juger.

Les faits sont-ils assez nettement établis? l'application du droit ne présente-t-elle aucune difficulté sérieuse? le président recueille les voix sur-le-champ, et il prononce le jugement.

Les questions sont elles graves? les points à discuter sont-ils nombreux et divers? y

(1) Voyez les art. 70, 71 et 75, du décret du 30 mars 1808.

ART.

a-t-il quelque texte à vérifier, quelque pièce à examiner? le tribunal peut se retirer dans la chambre du conseil pour délibérer; puis se remettant en séance, il prononce de suite, ou il renvoie la prononciation à *l'une des plus prochaines audiences.* Cette disposition est empruntée de nos vieilles lois : « Pour ce que, disaient-elles, de tant que » la cause sera plus brief jugée après la » plaidoirie, de tant auront les juges » meilleure et plus fresche mémoire des » choses proposées par les parties (1). »

116.

C'est le *simple délibéré.* Il serait à désirer peut-être que l'on en fît un plus fréquent usage. Sans prolonger trop l'attente des plaideurs, il donne plus de gravité aux décisions de la justice. Des opinions hâtivement émises, sous le charme d'une plaidoirie qui retentit encore, peuvent paraître trop légères à celui qui n'a pas eu le dernier mot; on s'entend difficilement au milieu de ces derniers bruits du débat; les avis opposés se renvoient moins de lumière, et la sentence improvisée n'a pas toujours cette justesse de motifs que donne une rédaction calme et réfléchie:

(1) Ordonn. 1453, art 77.

neque adeo bene concocta sunt ea judicia quæ sub auditione proferuntur. Interdùm advocatus aut minus instructus venit ad dicendum, aut alter altero frequentior, eloquentior et argutior...(1).

Cependant le *simple délibéré* ne suffit pas dans toutes les affaires. Une lecture rapide, ou souvent interrompue par des remarques détachées, ne permet guère de saisir à l'audience l'ensemble et la corrélation d'une longue série d'actes. L'exposition la mieux ordonnée, la distinction la plus exacte des personnes, des temps et des lieux, toutes les ressources de l'art, ne parviennent pas toujours à buriner avec un égal bonheur, dans l'esprit des magistrats, le tableau complet des faits dont une cause peut être chargée. Les parties y suppléent quelquefois par la distribution de *Factums* ou Mémoires imprimés (2); mais elles font rarement de pareils frais, surtout en première instance;

(1) Ayrault, *rer. judic.*, *lib.* 10, *cap.* 2.

(2) L'usage des *factums* s'introduisit du temps de Pasquier. Ce fut un avocat nommé Delavergne, qui le premier en fit paraître un au palais. Voyez le Dialogue des avocats, par Loisel.

Aꜱᴛ. et comme il pourrait y avoir des inconvéniens à ce que chaque juge vînt tour à tour
s'emparer des pièces du procès pour les
feuilleter chez lui, le tribunal, suivant qu'il
en reconnaît l'utilité, dit qu'elles seront
mises sur le bureau, et qu'il en sera délibéré
93. *au rapport* de l'un de ses membres, lequel
est nommé par le jugement.

C'est *le délibéré avec rapport.* Le jugement qui l'ordonne, n'est à bien dire qu'une
préparation au véritable jugement de la
cause; il n'est besoin d'en faire ni expédition ni signification, car les plaideurs ne
peuvent l'ignorer, et son exécution ne les
94. oblige à rien, si ce n'est à la remise de leur
dossier au greffe. Celui qui ne ferait pas cette
remise s'exposerait à voir décider l'affaire sur
les pièces de l'autre.

93. Le jour du rapport doit être indiqué, afin
que les parties ou leurs défenseurs puissent
y assister, et relever, dans des notes qu'il est
permis de faire passer au président, les
omissions ou les inexactitudes commises par
111. le rapporteur. C'est une garantie importante;
il y aurait nullité, si le rapport n'était pas
fait à l'audience, ou s'il était fait, hors de la

présence des parties , à une audience autre Art.
que celle indiquée.

J'ai déjà dit quelques mots de l'instruction
par écrit (1). C'est une plaidoirie tout écrite,
substituée à la plaidoirie orale. Certains procès
sont tellement compliqués de comptes, de
calculs, de chefs de demande et de titres
justificatifs, que leurs détails récités à l'audience échapperaient indubitablement à l'attention la plus soutenue. Plus on y parlerait,
plus on y consommerait de temps en pure
perte.

Cette exception au principe tutélaire de la publicité des débats, ne peut être admise que par
un jugement qui déclare l'indispensable nécessité de l'appliquer à la cause, et qui nomme en
même temps un rapporteur. Voilà tout ce 59.
qu'il y a de commun entre l'instruction
par écrit et *le délibéré avec rapport*. Du reste,
la différence est assez tranchée pour qu'on ne
les confonde point.

Délibérer, c'est en général se consulter sur

(1) Voyez ci-dessus pag. 265.

Art.

ce qui a été dit, c'est mettre dans la balance le pour et le contre, c'est aviser au parti que l'on doit prendre.

Délibérer avec *rapport*, c'est faire éclairer son opinion; c'est rallier, à la suite d'un guide sûr, les souvenirs épars d'une discussion embarrassée.

Que l'instruction ait été parlée ou écrite, le moment de délibérer ne peut venir que lorsqu'elle est close.

Les parties *instruisent* et discutent, et les juges *délibèrent*.

Tel est l'ordre naturel des idées, et je ne me serais point mis en peine de le retracer, si ce n'était que des auteurs fort imposans paraissent l'avoir perdu de vue, en traitant une question que je vais examiner.

Est-il permis de prendre des conclusions nouvelles et de former des demandes incidentes, entre le jugement qui ordonne un délibéré, et le jugement qui doit en faire connaître le résultat?

M. Pigeau tenait pour l'affirmative (1).

----

(1) Comment. tom. 1, pag. 252.

Art.

M. Carré distingue : il reconnaît bien que le délibéré simple ou *sans rapport* termine l'instruction ; mais il ne veut pas qu'on attribue le même effet au délibéré *avec rapport*. Il considère le rapport lui-même comme un moyen d'instruction, et cela est si vrai, ajoute-t-il, que les juges, après l'avoir entendu, ont la faculté de décider que l'on procédera de nouveau par telle autre voie d'instruction qu'ils estiment convenable (1).

Cette raison me touche peu. Quand une cause a reçu l'instruction ordinaire et le développement des plaidoiries, le tribunal peut incontestablement, soit qu'il prononce sur-le-champ, soit qu'il ait délibéré *sans rapport*, ou délibéré *avec rapport*, ordonner, avant de faire droit, une enquête, une expertise, une vérification quelconque, de même qu'il aurait pu, sans y recourir, faire droit définitivement. Mais faut-il en conclure que l'instruction actuelle n'est pas terminée, lorsque les juges se lèvent pour aller aux voix ? Si la conséquence était juste, son inévitable généralité ferait disparaître la

---

(1) Lois de la procéd., tom. 1er, pag. 238.

ART. distinction de M. Carré, et l'on serait entraîné à dire qu'il y a liberté entière, tant que dure un délibéré quelconque, de remanier un procès jusqu'à l'émission de la sentence.

Il n'en est pas ainsi. L'annonce d'un délibéré est toujours l'annonce du *statu quo* de l'affaire. Si l'on y joint le rapport de l'un des juges, ce rapport ne sera point un acte de l'instruction, mais un élément du délibéré. Ce sera un compte rendu de l'instruction, pour la plus grande facilité du délibéré.

Dans les causes *communicables*, le ministère public porte la parole, avant que l'on sache s'il y aura délibéré *avec* ou *sans rapport*, et il ne la reprend point après le rapport. Vous voyez donc bien que tout délibéré arrête le cours de l'instruction, puisque, le ministère public une fois entendu, il n'est plus permis aux parties de parler (1). Certes elles ne peuvent pas davantage changer l'état de leurs conclusions, et former de nouvelles demandes, car ce changement nécessiterait de nouveaux débats à l'audience.

Cependant on se récrie, et l'on dit qu'il

_____

(1) Art. 87 du décret du 30 mars 1808.

doit être permis d'éclairer les juges en tout Art. état de cause. Ce sentiment est fort louable, mais il faut un terme qui fixe l'état de la cause. Et quand arrivera ce terme, si les juges sont obligés de remettre le *délibéré* qu'ils viennent d'ordonner, autant de fois qu'un infatigable plaideur aura trouvé, dans ses caprices ou dans ses calculs, quelques nouvelles formes à revêtir, ou quelques nouveaux moyens à essayer? N'est-il pas au moins aussi juste de lui fermer la lice, que de repousser celui qui ne se présente qu'au moment où vient d'expirer le délai donné pour se pourvoir contre un jugement? Le bon ordre repose non-seulement sur ce qui est juste, mais encore sur ce qui est fini (1). Cette maxime ne saurait être trop répétée.

Ce fut dans cet esprit que le Roi donna, le 18 juin 1769, des lettres patentes où il était dit : « Les affaires mises en délibéré seront jugées dans les trois jours; défenses sont faites aux procureurs *de former des demandes nouvelles et de signifier de nouveaux écrits.* »

En vain on objecterait que tous les an-

(1) Voyez mon Introduction, tom. 1ᵉʳ, pag. 9.

ciens règlemens relatifs à la procédure sont
abrogés; les dispositions de celui-là vivent
encore dans les articles du décret du 3o mars
1808, et les vues générales de la législation
nouvelle y sont entièrement conformes. La
raison publique avait fait trop de progrès, en
ce qui tient à l'administration et à la dignité
de la justice, pour qu'il y eût nécessité de
reproduire *textuellement* dans les articles du
Code, les formules de tous ces remèdes que
nos devanciers appliquaient çà et là, à mesure que des plaies particulières venaient à
se déclarer; et je demande s'il est permis de
supposer qu'on ait voulu, de nos jours, favoriser plus qu'autrefois cette agglomération
de procédures, dans laquelle venaient se
confondre les *délibérés* et les différentes sortes
d'appointemens.

Il serait inutile d'exposer ici avec toutes ses di-
visions, avec tous ses détails, avec tous ses usages divers, le vieux système des *appointemens.*
Je ne veux en extraire que ce qui peut servir à
l'intelligence de ce chapitre, car l'erreur de
ceux qui admettent de nouvelles écritures et
des productions nouvelles, après la mise
d'une cause *en délibéré*, provient d'une pré-
tendue identité qu'ils ont cru apercevoir entre

le *délibéré avec rapport*, et ce qu'on appelait jadis *l'appointement à mettre* (1).

Le mot *appointement* s'appliquait généralement à toute espèce de règlement judiciaire touchant l'instruction d'un procès ; il avait été pris du latin *adpunctare*, réduire à un point : *ad punctum adigere*. Jamais définition ne fut plus mal justifiée.

On distinguait dans la longue nomenclature des appointemens, *l'appointement en droit* et *l'appointement à mettre* ; l'un et l'autre s'appliquaient à l'instruction et au jugement des affaires, auxquelles les débats de l'audience étaient censés ne pas convenir. Les procès *appointés* se jugeaient à huis clos, après un rapport secret sur la production des titres et moyens des parties.

Les ordonnances, les édits, les arrêts du conseil, etc., avaient défendu *d'appointer* certaines causes ; mais dans les siéges inférieurs, surtout, on ne s'y arrêtait point, et peu de matières obtenaient le rare privilége de la

(1) Voyez les lois de la procéd., de M. Carré, tom. 1er, pag. 234 ; et le Journal des avoués, v° *délibéré*, tom. 9, pag. 5.

publicité , parce que les causes appointées donnaient plus d'épices aux juges , et plus de profits aux procureurs.

Il y avait aussi défense formelle *d'appointer* une affaire, avant qu'elle eût été exposée à l'audience par les avocats, afin de savoir si elle ne serait pas de nature à être jugée publiquement. Cette règle n'était pas mieux suivie ; on ne prenait point le souci de faire passer les *appointemens* par l'audience ; cela s'arrangeait au greffe.

On *appointait en droit* les procès les plus chargés, et l'on *appointait à mettre* ceux qui l'étaient moins. Dans les *appointemens en droit,* le délai était de huit jours pour *écrire* et *produire* , et de huit autre jours pour *contredire ;* il était réduit à trois jours, dans les *appointemens à mettre.* Cependant on y employa bientôt des années en-tières , et la justice laissa faire et laissa passer ! On créa une langue technique , comme pour dérober aux yeux du monde les mystérieuses involutions de cette procédure. Les premières écritures signifiées par le de-mandeur furent appelées *dits,* les réponses du défendeur *contredits,* et les répliques *salvations* , parce qu'elles avaient pour objet de maintenir *sauves* les raisons déjà déve- loppées. Lors des conférences tenues pour l'ordonnance de 1667, M. le premier président de Lamoignon, après la lecture du titre II dans lequel il est plus particulièrement traité des *appointemens*, observait que le style en était peu intelligible, même pour ceux qui avaient l'usage du palais.

Quand les sacs du procès étaient pleins, ils passaient aux mains du secrétaire du rapporteur. Le secrétaire travaillait à *l'extrait*, au *supplément d'extrait*, et sur cette besogne, le rapport se faisait à la chambre du conseil; puis on y jugeait en secret. Les parties connaissaient leur sort lorsqu'il plaisait au rapporteur de déposer la sentence au greffe.

Ainsi le plaideur dont l'affaire était mise au rapport, ne voyait plus le moment de sa délivrance qu'au bout d'une longue carrière, où ses forces épuisées ne lui permettaient pas toujours d'arriver. S'il tentait de la parcourir, que n'avait-il pas à craindre d'un subalterne, qui mettait souvent à prix la lenteur ou la diligence du rapporteur, et qui possédait l'art d'avancer ou de retarder à son gré l'expédition de la cause, en se rendant

le maître du magistrat lui-même? Enfin,
quand après une longue attente, l'heure de
la justice était arrivée, l'influence du subalterne devenait encore plus funeste. Sa main
ignorante ou infidèle n'avait tracé qu'une
ébauche de l'affaire; le rapporteur trop con-
fiant exposait aux yeux de ses collègues ce
travail incomplet, et tout était perdu, si
ceux qui l'écoutaient et qu'il devait éclairer, ne l'éclairaient pas lui-même, en se faisant les conducteurs de leur propre guide....
C'est le chancelier d'Aguesseau qui a dit
cela (1).

Or, si vous percez cette enveloppe d'abus,
pour considérer la théorie des *appointemens*,
telle que les anciens législateurs avaient
voulu la créer, vous verrez que les *appointemens* en *droit* et les *appointemens à mettre*,
formaient comme deux degrés d'instruction
par écrit. Dans l'un, les écritures, les productions et les épices étaient moindres que dans
l'autre. Voilà toute la différence.

Ces deux degrés n'existent plus aujour-
d'hui : le Code n'admet qu'un mode d'in-

_____

(1) 14ᵉ Mercuriale, de *l'Attention.*

struction par écrit, on n'y trouve pas même le mot *appointement ;* les souvenirs qui s'y rattachaient ont fait peur.

C'est à l'audience que les rapports sont III. faits, et que les jugemens sont prononcés.

Dans l'instruction par écrit, le rapport fait partie de l'instruction. Le ministère public ne parle qu'après le rapporteur.

Dans les *délibérés avec rapport*, le rapport fait partie de la délibération. Le ministère public avait parlé, avant qu'il eût été question du *délibéré*.

Si l'instruction conservait un libre cours, après le jugement qui ordonne un *délibéré avec rapport*, il faudrait dire que cette espèce de *déliberé* ne peut jamais avoir lieu dans les matières *sommaires*, où tout se porte et se dit à l'audience (1). Telle est en effet la conséquence que M. Carré a été forcé de déduire du système qu'il professe (2). Mais cette erreur a été très-bien réfutée par M. Locré :

« On ne doit pas confondre les *délibérés*

(1) Voyez mon Introduct., pag. 566.
(2) Lois de la procédure, tom. 1, pag. 242, note 2.

ART. avec l'instruction par écrit; l'article 95 du Code de procédure les en distingue et les assimile à la défense verbale, lorsqu'il dit : « Si une affaire n'est pas susceptible d'être » jugée sur plaidoirie ou *délibéré*, le tribunal » ordonnera qu'elle sera *instruite par écrit*, » pour en être fait rapport par l'un des juges » nommé par le jugement. »

« Qu'est-ce en effet qu'un délibéré?

» L'article 93 en donne la définition suivante : « Le tribunal pourra ordonner » que les pièces seront mises sur le bureau » pour en être délibéré au rapport d'un » juge nommé par le jugement, avec indica‑ » tion du jour auquel le rapport sera fait. »

« Or, à moins de vouloir que la justice prononce en aveugle, il est impossible de refuser à tel tribunal que ce soit, la faculté d'examiner à loisir les pièces dont une lec‑ ture rapide ne lui permet point de saisir les rapports et l'ensemble, et de commettre un de ses membres pour lui en rendre compte. Ce n'est pas là une instruction écrite, *puisque la défense ne se fait point par écrit.*

» L'article 93 est donc applicable aux tri‑ bunaux de commerce, ainsi que l'article 94 qui porte : « Les parties et leurs défenseurs

» seront tenus d'exécuter le jugement qui Art.
» ordonnera le délibéré, sans qu'il soit besoin
» de le lever ni signifier, et sans sommation.
» Si l'une des parties ne remet point ses
» pièces, la cause sera jugée sur les pièces
» de l'autre. »

« Les délibérés ainsi ordonnés par les tribunaux de commerce, ne diffèrent du renvoi
devant des arbitres, qu'en ce que, dans ceux-
ci, ce sont des tiers qui examinent les pièces
et donnent leur avis, au lieu qu'ici c'est un
membre du tribunal. D'où l'on peut inférer
que les tribunaux de commerce ont également le droit de recourir à l'un et à l'autre
moyen (1). »

Cette question que je m'étais proposé d'examiner, me semble donc devoir être ainsi
résolue : L'instruction ordinaire d'un procès
s'arrête au point où elle a été conduite, quand
les juges ordonnent, soit un *délibéré simple*,
soit un *délibéré avec rapport;* c'est-à-dire
qu'il n'est plus permis de prendre des conclusions nouvelles, de former des demandes
incidentes, etc. Si la cause a besoin de quelque supplément d'instruction, le jugement

(1) Esprit du Code de procédure, t. 2, pag. 101.

Aet. qui va intervenir y pourvoira. Si le tribunal se trouve assez éclairé, il fera définitivement droit aux parties.

J'arrive plus particulièrement à l'instruction par écrit. Il convient de rassembler ici ce que j'en ai esquissé, par anticipation, dans les pages qui précèdent (1), et de compléter la théorie de ce genre de procédure.

L'instruction par écrit est une modification du système de la publicité; car ce n'est pas seulement la prononciation du jugement à l'audience, c'est mieux encore cette lutte des plaideurs à ciel découvert, et cette participation de toute l'assistance aux débats d'une cause, qui constituent la plus essentielle de nos garanties judiciaires. Mais force est bien d'instruire en écrivant, lorsqu'il n'est pas possible d'instruire en parlant, et la plaidoierie orale n'a plus rien qui serve, là où les juges et le public ne sauraient rien comprendre.

Plus les conséquences d'un principe sont décisives et salutaires, plus étroites doivent être les limites de ses exceptions. Ainsi la loi permet, dans l'intérêt des mœurs et des fa-

(1) Voyez ci-dessus, pages 265 et 311.

milles, de discuter certaines affaires à *huis-clos*, mais elle exige que les juges examinent préalablement la question de savoir s'il y a nécessité absolue de fermer les portes (1). De même, il faut que le procès dont l'extrême complication réclame une instruction par écrit, soit d'abord exposé à l'audience, et le tribunal ne peut l'ordonner, qu'après avoir déclaré, à la pluralité des voix, l'impossibilité de juger sur plaidoierie, ou sur *délibéré*.

« J'ai vu autrefois, dit Coquille, par arrêt de la Cour sur un appel, déclarer nulles toutes les procédures d'un procès *super re minimâ*, parce qu'on avait reçu les parties à instruire et écrire. Et par même moyen, décret d'ajournement personnel fut donné contre le juge, et il fut ordonné que les avocats et procureurs rendraient ce qu'ils auraient reçu des parties. Ce fut aux grands jours de Moulins, en 1550 (2). »

L'exemple n'avait pas produit de grands effets, car on crut devoir insérer dans l'ordonnance de 1667 une défense formelle

---

(1) Voyez ci-dessus, pages 296 et 297.
(2) Comment. sur l'ord. de Blois t. 1ᵉʳ, pag. 511.

Art. d'appliquer l'instruction par écrit aux matières sommaires (1). Cette espèce de rédondance législative ne se retrouve point dans le Code. Il n'était pas besoin d'exprimer que des écritures substituées aux stériles efforts d'une plaidoierie, pour les affaires chargées de détails obscurs et difficiles, ne pourraient jamais s'allier avec la marche rapide et abrégée des causes qui sont de nature à être expédiées sur un simple *avenir*. On a voulu que tout fût écrit dans les unes, et que tout fût verbal dans les autres; l'antipathie était assez fortement marquée (2).

L'instruction par écrit se compose des *requêtes* ou mémoires fournis par les parties, de la production de leurs titres, et du rapport que fait sur le tout un des membres du tribunal (3).

_____

(1) Ord. de 1667, tit. 17, art. 10.

(2) J'aurai soin de faire remarquer dans le cours de mes explications les autres cas d'incompatibilité. Par exemple, j'examinerai, dans le chapitre des jugemens par défaut, si le tribunal peut ordonner une instruction par écrit, lorsque le défendeur ne comparaît pas sur l'ajournement.

(3) Le rapporteur a dû être nommé par le jugement qui a ordonné l'instruction par écrit, art. 95.

Amenés par la nécessité sur le vieux terrain **ART.** des *appointemens*, les réformateurs avaient beaucoup à déblayer : il fallait réprimer l'excès des écritures, fixer pour les délais de justes mesures, et rendre à la lumière vive de l'audience tout ce qu'il ne serait pas impossible de traiter autrement.

Voici les dispositions du Code :

La partie la plus diligente fait signifier à son adversaire le jugement qui a ordonné l'instruction par écrit et nommé le rapporteur. En général, et sauf les cas où la loi dit expressément le contraire (1), nul n'est tenu d'exécuter un jugement s'il ne lui a été notifié, quand bien même il aurait été présent à la prononciation. Au palais, ce qui n'a frappé que vos oreilles ne vous oblige point. Vous avez pu mal saisir les paroles du juge ; à vous permis *d'en prétendre cause d'ignorance*, jusqu'à ce que le poursuivant ait mis légalement sous vos yeux la teneur exacte de ce qui a été prescrit, et vous ait fait voir *quand* et *comment* vous devez obéir : *paria sunt non esse et non significari*. Tout ce qu'il y a de plus précieux serait livré à l'envahissement d'une

_____

(1) Comme dans l'article 94.

ART. surprise, si cette sauve-garde n'existait pas (1).

La notification dont il s'agit ici se fait par *acte d'avoué à avoué* (2), parce que le jugement qui doit être principalement exécuté par les avoués, ne renferme aucune con-

147. damnation à la charge des parties.

Dans la quinzaine qui suit, le demandeur fait signifier la requête qui contient ses moyens. Cette requête exige beaucoup de soin et de talent; les juges doivent y trouver les éclaircissemens qu'ils ont désespéré d'obtenir en laissant plaider. Elle est terminée par un état ou *inventaire* des pièces sur lesquel-

99. les se fonde le système de l'action.

Fournir un inventaire de ces pièces ne suffit pas, il faut encore qu'elles paraissent, afin que celui auquel on les oppose puisse les lire tout entières, vérifier les passages cités, découvrir ce qui a été dissimulé, et combattre les inductions. Or la loi impartit au demandeur un délai de vingt-quatre heures, à compter de la signification de sa requête,

---

(1) Ce point sera plus amplement traité à la fin du chapitre suivant.

(2) Voyez ci-dessus la forme des actes d'avoué à avoué, pag. 260.

pour réunir et classer les pièces qu'il a in- Art
voquées, et pour les mettre au greffe. C'est
ce qu'on appelle *produire*. Ce n'est pas tout :
il doit, en même temps, par un simple acte
désigné, comme autrefois, sous le nom d'*acte
de produit*, donner avis que sa production est
faite.   96.

Maintenant le défendeur va répondre. Il
aura aussi quinze jours pour prendre communication des pièces produites contre lui,
et pour signifier sa requête, au bas de laquelle
sera dressé l'état des titres qui doivent servir à
repousser la demande. Puis après, il sera
obligé, dans les vingt-quatre heures, de
rétablir au greffe les pièces qui lui auront
été communiquées, d'y déposer les siennes,
et de notifier à son tour *l'acte de produit*.

Lorsqu'il y a plusieurs défendeurs réunis
dans un *même intérêt*, soit qu'ils se fassent
représenter par le même avoué, soit qu'ils
aient constitué des avoués différens, c'est
tout comme s'il n'y avait qu'un défendeur :
ils n'ont droit qu'à un seul délai et à une
seule communication (1). Mais dans le cas

(1) La loi ne s'explique point sur la question de
savoir au quel des avoués, s'il y en a plus d'un pour

ART. où ils auraient tout à la fois des avoués et des intérêts différens, chacun d'eux aura le délai ci-dessus fixé pour prendre communication, répondre et produire. La communication leur sera donnée successivement, à commencer par celui qui se présentera le premier, car ils ne peuvent l'avoir tous à la fois.

Il ne resterait plus qu'à parler du rapport, si, avant d'aborder ce complément nécessaire de l'instruction par écrit, je ne devais pas faire observer que la marche qui vient d'être tracée suppose que les parties l'ont franchement suivie, qu'elles ont produit tous les titres nécessaires à leurs prétentions, et que les pièces communiquées ont été fidèlement remises au greffe. Mais on a dû prévoir les négligences, les détours affectés, les lenteurs décevantes et toutes les ressources que l'intérêt, ou la mauvaise foi d'un téméraire plaideur se plairaient à mettre en usage, pour arrêter le cours de la justice dans les embar-

les défendeurs ayant le même intérêt, la communication devra être donnée. C'est au plus ancien. Cette solution, dans le silence du Code, se tire par argument des articles 529 et 536 relatifs aux redditions de comptes.

ras d'une foule de faits, de dates, de calculs et de questions. Il faut avoir la courageuse résolution de pénétrer dans ces détails, si l'on veut sainement apprécier les vues de la loi. Les détails soulagent l'intelligence, et la conduisent, comme pas à pas, au bon sens du résultat.

Il peut arriver que le demandeur ayant *écrit* et *produit*, le défendeur néglige de répondre et de produire à son tour.

Il peut arriver que le défendeur exécute seul le jugement qui a ordonné l'instruction par écrit.

Il peut arriver que l'un, ou l'autre, après avoir fait signifier sa requête et son *acte de produit*, ait de nouvelles pièces à présenter.

Il peut arriver qu'un avoué diffère, ou refuse de rétablir au greffe les pièces qui lui ont été données en communication.

Chacune de ces hypothèses réclamait donc une règle qui lui fût appropriée.

Le défendeur garde-t-il le silence, et ne fait-il aucune production dans le délai fixé? on présume qu'il n'avait rien à dire, puisqu'il n'a rien dit, et qu'il n'avait rien à produire, puisqu'il n'a rien produit. On procède au rapport et au jugement, sur la requête et sur les pièces déposées par le demandeur.

Lorsqu'il y a plusieurs défendeurs avec des intérêts et des avoués différens, la communication des pièces produites par le demandeur doit leur être successivement donnée, à commencer par le plus diligent : je l'ai déjà dit. Mais si aucun d'eux ne fait diligence avant le terme prescrit, ils sont tous en faute; le demandeur ne doit pas en souffrir, et l'affaire est jugée sur ce qu'il a produit.

Est-ce le demandeur qui a négligé d'écrire et de produire? les présomptions n'ont plus le même caractère. Peut-être a-t-il pensé que les preuves et les motifs de son action avaient reçu assez de développemens par ses primitives conclusions (1), et qu'il devait attendre les objections de la défense. Toutefois le délai que le demandeur laisse expirer, commence à prendre son cours pour l'autre partie, et voilà que celle-ci écrit et produit; mais il ne sera point privé de la faculté de prendre communication, et de contredire les faits et les

____

(1) C'est-à-dire, dans les conclusions prises avant le jugement qui a ordonné l'instruction par écrit.

moyens qui lui sont opposés : il aura huit **Aar.**
jours pour l'exercer. Laisse-t-il encore passer
cette huitaine? alors le procès sera jugé sur
la production du défendeur.

On voit la raison de ce privilége qui permet au demandeur de temporiser, et qui le
relève de la déchéance dont son adversaire
resterait frappé, s'il s'était avisé de procéder
de même.

Il ne faut pourtant pas prendre trop à
la lettre cette expression de *déchéance*, ni
croire que chacun des délais déterminés
pour les significations des requêtes et des actes
de produit, soit rigoureusement fatal: tout cela
doit être entendu dans le sens de l'explication
que j'ai donnée touchant les délais de l'instruction ordinaire (1).

Aussitôt que le temps accordé pour l'atta-
que et pour la défense se trouve écoulé, chacune des parties a le droit de demander qu'on
mette fin au procès. Mais si quelques jours
de plus succèdent en silence à ceux du délai
légal, pourquoi ne serait-il pas permis à l'autre
partie de purger son retard, et de prendre
communication, tant que le greffier n'a pas

_____

(1) Voyez ci-dessus , pag. 272.

ART. été requis de remettre au rapporteur les
pièces produites? La loi ne peut pas être plus
rigoureuse, en ce qui concerne l'intérêt privé
des plaideurs, que les plaideurs eux-mêmes.

Les anciens procès par écrit étaient inter-
minables, et l'on disait des gens qui avaient
le malheur de s'y engager, qu'ils plantaient
un arbre dont ils ne verraient jamais le fruit.
J'ai peur qu'on ne prenne ce que je vais dire
pour une paradoxe, mais pourtant il est vrai
que l'abus était né de la brièveté des délais
fixés par l'ordonnance de 1667, pour écrire
et produire. Elle n'accordait que huit jours,
qui évidemment ne suffisaient pas dans le
plus grand nombre des affaires. On ne s'y arrêtait point, c'était comme s'il n'y eût eu
rien de réglé à cet égard. L'instruction s'al-
longeait et se grossissait en même temps au
gré d'un vil intérêt. Les procureurs creusaient
une mine sans fond; quelquefois le rapporteur attendait les pièces pendant toute sa vie,
et tel qui gagnait son procès, après plusieurs
années de poursuite, eut gagné davantage à
le perdre plustôt.

Le Code, en doublant ces délais, leur a
donné des proportions conformes à la nature
des choses; il y a mis une sanction plus mo-

rale et plus sérieuse. Exiger trop, c'est ris-
quer de ne rien obtenir; cette maxime s'applique à la législation civile, comme à la législation criminelle, aux matières administra-
tives, comme à celles de finances et de politique.

Au bout d'un mois et deux jours, en y com-
prenant les quarante-huit heures accordées
pour la signification des *actes de produit*,
l'instruction par écrit est close entre le demandeur et le défendeur. Celui que son intérêt presse, a le droit incontestable de requérir le rapport et le jugement du procès,
soit que l'autre ait fait du délai un usage
utile, soit qu'il n'en ait pas profité. La pres-
cription du terme n'est plus réputée *commi-
natoire*, ainsi qu'on disait autrefois, elle ne
dégénère point en une simple menace, et les
tribunaux n'ont pas la puissance de proroger
ses effets.

Que si les retards proviennent de la négligence, ou de la collusion des avoués, il
est permis de les révoquer (1) : élevez votre
voix, et demandez justice. Aimez-vous mieux
vous taire, attendre et souffrir, dans les

(1) Voyez ci-dessus, pages 262 et 263.

A<small>RT</small>. étreintes d'une timide résignation, les longueurs qui vous épuisent? cessez alors de vous en prendre à la loi.

Les délais se partagent et se prolongent, quand il y a plusieurs défendeurs divisés d'intérêt, et représentés par des avoués différens. C'est justice et nécessité.

Il n'était pas moins indispensable d'autoriser une partie à produire des pièces nouvelles, qu'elle n'avait point d'abord à sa disposition, ou dont elle avait cru l'emploi inutile dans la première discussion de ses moyens. En ce cas, elle les met au greffe, et signifie un acte de produit, comme ci-devant. Mais il lui est expressément interdit de prendre ce prétexte pour faire des écritures ampliatives.

02. Seulement, la nouvelle production devant toujours être accompagnée d'un état des pièces, rien n'empêche que l'état ne soit raisonné, et ne contienne, s'il y a lieu, un redressement des conclusions primitives. Cette tolérance ne peut être dangereuse, car il n'est accordé qu'une taxe fixe et fort mince, pour tous les frais de ce supplément d'instruction (1).

(1) Voyez le tarif, art. 71.

Est-il besoin de dire que la loi réserve à **Art.**
l'autre partie la faculté de prendre communi-
nication et de répondre? huit jours lui sont
donnés pour l'exercer.   103.

On ne pouvait pas faire un réglement général, pour déterminer le volume des écritures, parce qu'il doit varier suivant la complication de l'affaire, la diversité des intérêts
et l'importance des questions. Mais on a fixé
des limites particulières pour certains actes,
et la requête en réponse à une production nouvelle s'y trouve comprise. Elle ne peut excéder 103.
six rôles. Le rôle se compose de deux pages
d'écriture; chaque page de vingt-cinq lignes,
et chaque ligne de douze syllabes. On ra-
conte, à ce sujet, qu'autrefois un procureur
s'étant avisé de faire une ligne avec ces trois
petits mots : *il y a,* le juge trouva bon de la
finir avec ceux-ci : *dix écus d'amende pour
le procureur* (1).

En définitive : l'instruction par écrit est bor-

---

(1) Voyez, pour l'obligation imposée aux avoués de
déclarer au bas des originaux et des copies de toutes
leurs requêtes et écritures, le nombre des rôles dont
elles se composent, *à peine de rejet,* ce que j'ai dit
ci-dessus, page 274.

Art. née de chaque côté à la signification *d'une re-*
quéte et *d'un acte de produit,* sauf le cas d'une
nouvelle production, à l'égard de laquelle
on a restreint les *rôles*, comme on vient de
105. le voir. Rien au delà ne passe en taxe; l'excédant reste à la charge de ceux qui ont
voulu se donner la satisfaction d'écrire encore, sans qu'ils puissent en répéter les frais
en gagnant leur cause.

Les pièces produites ont été mises au greffe.
C'est là que les avoués viennent les prendre
106. en communication; ils en donnent un récépissé, ce qui suppose toujours une communication avec déplacement. Cependant il peut
y avoir des titres d'une nature telle que la
prudence ne permettrait pas de les laisser
sortir des mains du greffier. Une règle commune à tous les genres d'instruction, réduit
la communication d'une pièce *dont il n'y a*
pas minute, à une simple exhibition, à moins
que celui auquel elle appartient ne consente
189. au déplacement (1).

Cette obligation imposée aux plaideurs de

(1) On verra au chapitre des exceptions les autres
modes de communication de pièces.

produire tout ce qu'ils entendent employer Art.
au soutien de leurs droits, ne s'étend point
jusqu'à les forcer de communiquer des pièces
dont ils n'ont fait aucun usage : *Edenda sunt
omnia quæ quis apud judicem editurus est,
non tamen ut et instrumenta quibus usurus
non est, compellatur edere* (1). La loi, moins
sévère que la morale, nous autorise à dire :
Nemo tenetur edere contra se. Tout le monde,
au palais, ne ressemble pas à ce bon abbé de
Grand-Champ, qui, plaidant contre un pauvre
curé, produisit des titres contre lui-même
et se fit condamner, dans la crainte que ses
successeurs ne fussent pas aussi justes.

Mais il importe de noter qu'une pièce pro-
duite devient aussitôt une pièce commune;
elle appartient au procès. Celui auquel on
l'oppose acquiert le droit d'en extraire toutes
les inductions qui peuvent le favoriser. La
retirer soit avant, soit après la communication, serait commettre un véritable délit.
L'article 409 du Code pénal porte : « Qui-
» conque, après avoir produit dans une
» contestation judiciaire quelque titre, pièce
» ou mémoire, l'aura soustrait de quelque

_____

(1) *L.* 1, § 3, *ff. de edendo.*

Art. » manière que ce soit , sera puni d'une
» amende de vingt-cinq à trois cents francs.
» Cette peine sera prononcée par le tribunal
» saisi de la contestation. »

Une autre espèce d'infidélité a été prévue
par le législateur ; car il faut bien supposer le
mal , pour indiquer le remède. Supposez donc
qu'un avoué ne rétablisse point au greffe,
dans les délais prescrits , les pièces qu'il y a
prises en communication ; il entrave la marche de l'instruction , il se rend peut-être le
complice d'un dessein plus criminel encore.
Sa résistance va donner la mesure de sa culpabilité et de la peine qui devra être prononcée contre lui.

Mais qui le poursuivra ? Pour l'entreprendre , il faut un avoué qui signe les conclusions et qui prépare les voies de la justice.
Celui que le plaignant avait constitué dans
le procès principal , voudra-t-il prêter son
ministère pour ce triste incident et demander
jugement contre un confrère ? Faudra-t-il
avoir recours aux injonctions ? La loi n'exige
point que violence soit faite à ces délicatesses
de position ; elle affranchit la partie de l'assistance d'un avoué, et lui permet de réclamer
et de poursuivre seule.

Un mémoire remis au président, ou au rapporteur, ou au procureur du roi; un simple acte pour venir plaider à l'audience, car ici la publicité reprend ses droits, voilà toute la procédure. Un certificat du greffier attestant que la production n'est point encore rétablie, voilà toute la preuve. Sur quoi, le tribunal statue de suite (1) en condamnant, sans appel, l'avoué entrepris à faire la restitution demandée, à payer personnellement tous les frais, et dix francs, *au moins*, de dommages - intérêts, par chaque jour de retard.

Si les pièces ne sont pas réintégrées dans la huitaine qui suit la signification de cette sentence, le poursuivant retourne devant le tribunal, en sommant l'avoué d'y comparaître de nouveau; et les juges, suivant la gravité des circonstances, toujours sans appel, le frappent de plus fortes condamnations; ils y attachent la rigueur de la contrainte par corps, et le déclarent interdit de ses fonctions pour tel temps qu'ils estiment convenable.

On a demandé si cette disposition qui donne aux tribunaux inférieurs, pour l'incident dont

(1) Décret du 30 mars 1808, art. 66.

Art. il s'agit, le pouvoir de prononcer sans appel,
était également exclusive de la voie d'opposition, dans le cas où le jugement aurait été
rendu par défaut. Je ne trouve aucune difficulté à répondre affirmativement.

Tout ce qui tendrait à différer la restitution
des pièces serait en désaccord avec l'esprit du
Code, avec cette marche d'urgence qu'il a
tracée, pour vaincre et punir l'opiniâtre
refus de l'avoué. Point d'appel du jugement
qui le condamne, quel que soit le taux de la
demande, ou le montant des dommages-
intérêts; cette exception est d'une exorbitante
sévérité, témoin le vieil adage : *Appellationis
remedium nec diabolo denegandum foret, si
esset in judicio* (1). Par conséquent, point
d'opposition.

La moralité du recours ouvert contre les
condamnations par défaut se tire, en thèse
générale, d'une sorte de présomption qui
permet d'attribuer à l'ignorance des poursuites, ou à des empêchemens sérieux, le
manque de comparution.

Ici le doute ne peut être en faveur de l'a-

(1) *Prosp. Fagnani jus canonicum*, t. 2, p. 188,
n° 9.

voué. Quand même il alléguerait que la som- ᴀʀᴛ.
mation de venir plaider ne lui est pas par-
venue, les démarches officieuses qui ont nécessairement précédé l'explosion de la plainte,
ses habitudes à l'audience, ses relations au
greffe, toutes les voix du palais n'auraient-
elles pas dû l'aviser assez, s'il eût eu la bonne
volonté de se présenter? Sa contumace demeure donc comme une nouvelle insulte à
la loi.

C'en est trop peut-être sur cette question.
Je me hâte de rentrer dans l'ordre naturel
des choses, et je me reporte au moment où
toutes les productions sont complètement
rétablies au greffe.

Les fonctions du rapporteur vont commencer : les pièces du procès lui sont remises
par le greffier, sur la réquisition de la partie
la plus diligente (1).   189.

Si le rapporteur décède, s'il se démet, ou
s'il se trouve autrement dans l'impossibilité
de remplir son office, il est remplacé, en vertu

_____

(1) Voyez à la fin du chapitre la forme de cette
réquisition.

d'une ordonnance du président rendue sur requête.

Le poursuivant fait notifier cette nomination aux autres parties, trois jours au moins avant le rapport : il est juste qu'elles connaissent le nouveau rapporteur, ne serait-ce que pour le récuser, s'il y a lieu.

Le roi de Prusse disait qu'il n'y avait pas de rapport qui ne dût être expédié dans quinze jours au plus (1).

Chez nous, la loi se repose avec plus de confiance sur le zèle et l'activité du magistrat, pour la rédaction de son travail. Il doit savoir que si l'iniquité rend la justice amère, les lenteurs l'aigrissent : *Injustitia illud reddit amarum, mora acidum* (2). C'est à lui qu'il appartient de concilier la promptitude de l'exécution avec la maturité de l'examen, avec cette application consciencieuse que ni le volume des pièces, ni la complication des faits, ni l'aspérité du droit, ni le choc des autorités ne rebutent jamais, qui ne laisse rien échapper, et finit toujours par ramener la cause la plus

---

(1) Code Frédéric, t. 1, p. 35 et 36 de l'exposition.
(2) Bâcon, *sermones fideles, de officio judicii.*

difficile à son vrai principe, à un point clair **ART.**
et décisif.

Le rapporteur résume les faits et les
moyens, sans ouvrir son avis; mais il opinera
le premier lorsque les voix seront recueillies
pour le jugement (1).

Aussitôt que le rapport est prêt, les avoués
sont prévenus du jour où il sera fait, afin
qu'ils puissent y assister (2); car tous les rapports se font à l'audience. La loi de 1790   **111.**
l'avait déjà dit, et c'eût été grande pitié de
se voir enlever plus tard cette conquête de
la publicité, qui vaut à elle seule toutes les
autres garanties. Cependant, le croira-t-on?
des voix se firent entendre, lors de la discussion du Code de procédure au Conseil
d'état, en faveur de l'usage où l'on était jadis
de faire les rapports à la Chambre du Conseil; elles demandèrent grâce « pour la
» timidité des juges peu exercés, que gêne
» la nécessité de rapporter en public (3). »

(1) Art. 35 et 73 du règlement du 30 mars 1808.

(2) C'est ordinairement par l'intermédiaire du
greffier que cet avis leur parvient.

(3) Esprit du Code de procédure, par M. *Locré*,
pages 266 et suiv.

ART.   Au vrai, le motif de cette étrange apologie du *huis clos* se rattachait plus particulièrement à l'antipathie du chef de ce temps-là pour le barreau. La première rédaction de l'article III portait : « Tous rapports, même
» sur délibéré, seront faits à l'audience ; *les*
» *défenseurs pourront, après le rapport, pré-*
» *senter quelques observations sommaires.* »
Les antagonistes du projet prétendirent que ce serait « troubler d'avance un magistrat
» par la crainte d'une réfutation...., le rap-
» procher trop d'un avocat, d'un avoué....,
» l'obliger peut-être à leur répondre......, ou
» à parler tout bas, afin de prévenir l'en-
» gagement d'une lutte avec les défen-
» seurs (1)... » Voilà ce qu'ils trouvaient intolérable ; le meilleur moyen d'y mettre ordre était, sans contredit, de renvoyer les rapports à la Chambre du Conseil, et de fermer les portes.

Toutefois on fit une transaction. La publicité fut maintenue, et la seconde disposition de l'article fut remplacée par celle-ci : « *Les*
» *défenseurs n'auront, sous aucun prétexte,*
» *la parole après le rapport.* Ils pourront seu-

---

(1) *Ibidem.*

» lement remettre sur-le-champ au président **Art.**
» de simples notes énonciatives des faits sur
» lesquels ils prétendraient que le rapport a
» été incomplet ou inexact (1). »

Le règlement du 3o mars 1808 a étendu
la faveur de la prohibition aux conclusions
du ministère public. On a vu ce que j'en ai
dit ci-dessus (2). Mais, pour ne parler que
des rapporteurs, la plus simple réflexion
aurait pu dissiper ces alarmes sur le péril
de leur repos et de leur considération. Ils
ne doivent pas ouvrir d'avis en rapportant;
ils n'ont donc point d'objections à réfuter.
Le simple redressement d'un fait ou d'une
date, la simple remarque d'une omission,
ne peuvent pas les engager dans un débat

(1) A part les délibérés et l'instruction par écrit,
le Code indique une foule de cas ou le rapport doit
avoir lieu. Voyez les art. 199, 202, 222, 280, 371,
385, 394, 539, 342, 562, 568, 668, 762, 779, 856,
859, 863, 885, 891, 981, 987. Il ne faut pas croire
que l'article III y soit toujours applicable. Il ne peut
l'être qu'aux matières dans lesquelles les parties ont
eu, avant le rapport, l'entière faculté d'épuiser les
moyens de leur cause, soit en écrivant, soit en plaidant. J'aurai soin de faire observer cette différence,
à mesure que les occasions se présenteront.

(2) Ci-dessus, pages 288 et suiv.

Art. de discussion avec les avocats. Y a-t-il plus de décence et de respect dans une note griffonnée à la hâte et transmise au président, que dans les quelques mots qui s'élèveraient du barreau vers le tribunal tout entier, et que les juges auraient toujours le pouvoir de circouscrire dans les limites convenables? A quoi servent ces notes silencieusement envoyées, au moment solennel de la délibération, sans que l'autre partie en ait eu la moindre communication? A donner des impressions fausses et dangereuses. En bonne justice, les juges ne doivent voir que ce qui a été vu par toutes les parties : *An aliqua exhibita coram judice per unam partem, addici ipsius judicis animi informationem, sint et possint de actis causæ? Credo quod non*, disait Gui Pape, *nec talia dicuntur de actis causæ, nisi in causá judicialiter producantur* (1).

Depuis quarante ans, les pourvois en cassation sont jugés sur rapport. Le rapport est fait à l'audience, et les avocats plaident après le rapport. Je prie qu'on me dise s'il est arrivé que la dignité de la Cour suprême en ait été compromise.

_____

(1) Quæst. 136 et 241.

Les rédacteurs de la nouvelle loi de procé- ART. dure à Genève, au lieu de corriger le Code sur ce point, et d'admettre des observations sommaires après le rapport, comme ils les ont admises après les conclusions du minis- tère public, ont pris le parti de supprimer les rapports.

« Nous avons écarté les rapporteurs dont le Code de procédure exige en pareil cas la nomination, dit M. Bellot.

» Nous avons estimé leurs fonctions in- utiles en audience publique, dès que leur rapport ne pouvait être ni discuté ni con- trôlé, et dangereuses dans la chambre de dé- libération, par l'influence qu'elles donnaient à un seul juge.

» Nous avons trouvé plus de sûreté à exi- ger de chaque juge, ce que le Code de pro- cédure ne requiert que du rapporteur, la lecture des pièces avant le jour fixé pour dé- libérer du jugement.

» Le Code genévois de 1791, et la pratique de nos anciens tribunaux, nous ont fourni cette sage disposition (1). »

A cet égard, je dirai comme l'apôtre : Il est

(1) Exposé, p. 65.

ART. vrai que la loi est bonne, pourvu qu'elle soit bien observée : *Nos scimus quia lex bona est, modò quis eâ utatur legitimè.*

Le rapport est terminé. Si l'affaire est dans la classe de celles qui doivent être commu-
112. niquées au ministère public, le procureur du Roi donne ses conclusions à l'audience (1), et le tribunal juge.

Je prie qu'on me permette de revenir sur une des hypothèses qu'il a fallu prévoir ci-dessus, celle où l'une des parties aurait négligé d'écrire et de produire. J'ai dit que, dans ce cas, le jugement serait rendu dans l'état où les choses se trouveraient, après l'expiration de tous les délais. Mais ce jugement aura-t-il le caractère d'un jugement par défaut à l'égard du plaideur qui s'est laissé *forclore* (2), et le recours de l'opposi-

---

(1) « Dans les procès dont l'instruction est par » écrit, le juge-rapporteur devra veiller à ce que les » communications au ministère public soient faites » assez à temps pour que le jugement ne soit pas » retardé. » *Règlement du 30 mars 1808*, art. 85. Voyez aussi l'article 86.

(2) Forclore, forclusion, de *forum claudere.*

tion lui restera-t-il ouvert? Non; sa présence ART.
aux premiers actes du procès, et sa participation à cette épreuve de l'audience, où la
nécessité d'une instruction écrite fut reconnue et déclarée, toutes ces circonstances
ne permettent point de présumer qu'il a pu
ne pas connaître les poursuites, et la marche
indiquée pour la défense de son droit. La
présomption est, au contraire, qu'il n'a rien
produit, parce qu'il n'avait rien à produire,
et que, s'abandonnant à la justice des magistrats, il a consenti à être jugé sur la production de son adversaire. Le jugement sera
donc de même nature que s'il eût été rendu
après une instruction complète de part et 113.
d'autre (1).

Il convient, avant de finir, d'expliquer
comment le greffier, les avoués et le rapporteur sont successivement chargés et déchargés
de la responsabilité des pièces qui leur ont
été confiées.

On tient au greffe un registre divisé en

(1) Voyez pour les autres questions qui se rapportent plus ou moins à cette hypothèse, le chapitre *des
jugemens par défaut.*

Art. colonnes, sur lequel chaque avoué inscrit sa production, avec la mention des noms des parties, de leurs avoués, du rapporteur, et la date du dépôt. Cette inscription rend le
108. greffier responsable.

Viennent ensuite les communications, pour lesquelles les avoués donnent un récépissé qui met les productions à leur charge.

Lorsque le moment de la remise au rapporteur est arrivé, la réquisition que le greffier reçoit à cette fin, est écrite par le *requérant* sur une colonne du registre laissée en blanc; et sur la même colonne, le rapporteur appose sa signature, en prenant les pièces dont il devient responsable à son tour.

Après le jugement du procès, le rapporteur rétablit le tout au greffe. La radiation de sa signature sur le registre suffit pour qu'il en
114. soit déchargé.

Alors toute la responsabilité revient encore s'attacher au greffier, jusqu'à ce que les avoués se présentent pour retirer leurs productions.

Le Code dit que les avoués en faisant ce
115. retrait émargeront le registre, et que l'émargement servira de décharge au greffier. Cette disposition trop vague semblait leur don.

ner la liberté de venir isolément reconnaître **Art.**
et emporter les dossiers. Beaucoup d'inconvéniens pouvaient en résulter : le tarif y a
pourvu (1). L'avoué le plus diligent fait sommation à tous les avoués de la cause de se
trouver au greffe, à telle heure de tel jour,
afin d'opérer le retrait des pièces. De cette
manière, ils concourent tous à la vérification
et à la reconnaissance des productions; chacun prend la sienne et n'emporte que ce qui
lui appartient (2).

J'ai tâché de faire une exposition complète
de l'instruction par écrit. C'est une des parties
les plus décriées du système de la procédure;
mais il y a dans ce tumulte de blâme, des
impressions de vieux abus, des préjugés d'habitude, et peu de vraie critique. Certes,
l'exagération est flagrante, lorsqu'elle se plaît
à des griefs tels que ceux-ci : « La cause sera
instruite par écrit, c'est-à-dire que l'on fera
des requêtes, *et toujours des requêtes*, de part

(1) Article 70, § 7.

(2) Les juges et les avoués sont déchargés des pièces cinq ans après le jugement du procès. Code civil,
art. 2276. Voyez M. de Malleville sur cet article, et
M. Carré, *Lois de la procédure*, t. 1, p. 260.

Art. et d'autre , et que ces requêtes seront grossies d'états de pièces justificatives, suivis de productions au greffe, de communications de pièces, etc. Heureusement cette inutile procédure, qui aurait tout au plus pour objet d'*engager* le rapporteur à *étudier un peu* les pièces du procès, est restée à peu près sans application; mais enfin elle est dans la loi (1). »

(1) Introduction aux *Lettres de Cooper sur la Cour de chancellerie, et sur quelques points de jurisprudence anglaise*, par M. P. Royer-Collard, professeur à la Faculté de droit de Paris, pag. 52.

Cette introduction, écrite en général avec une sage liberté, offre des vues très-utiles touchant la procédure civile. Je ne partage pas les opinions de l'auteur sur tous les points qu'il a traités, mais je n'en dois pas moins rendre hommage au mérite de sa composition. L'esprit de réformation est prudent et mesuré chez M. P. Royer-Collard. « Autre chose est de ne pas créer, dit-il, autre chose est de détruire . » Il s'élève plus particulièrement contre les exigences du fisc, et l'excès des droits, qui sont comme un déni de justice à l'égard des pauvres plaideurs. J'ai déjà eu occasion d'abonder dans ce sens, en faisant observer toutefois qu'il fallait ne pas confondre les impôts du fisc avec les règles de la procédure. *Voy. ci-dessus pag.* 270.

La loi ne dit point qu'on fera *des requêtes* Art.
et toujours des requêtes, car elle n'admet
qu'une seule requête pour chacune des parties.

Un état des pièces, à la suite d'une requête,
ne peut guère la grossir, car la loi défend
qu'il soit commenté.

La production ou le dépôt des pièces
n'augmente pas beaucoup les frais, car la loi
ne passe à l'avoué qu'une vacation fixe de
deux francs vingt-cinq centimes.

La communication n'ajoute aux écritures
du procès que les deux lignes d'un *récépissé*
qui ne coûte rien ; et les vacations, soit
pour la prise en communication, soit pour
le rétablissement des pièces au greffe,
sont taxées *ensemble* à deux francs vingt-
cinq centimes.

Il y a beaucoup d'honnêtes gens dans le
monde, contre lesquels on ne murmure
point, qui ne se contentent pas d'un aussi
modique droit de commission.

Si l'on ne veut pas de *cette procédure inutile, qui n'a tout au plus pour objet que d'engager le rapporteur à étudier un peu les
pièces du procès*, je demanderai ce qu'on y
substituera d'utile, pour engager le rapporteur
à étudier assez?

Les idées de réforme ne changeront point la nature des affaires. Il y aura toujours des redditions de compte, des liquidations de succession à juger, des calculs à vérifier, des généalogies à débrouiller, des sacs de titres à lire, à classer, à comparer; or, comme il est incontestable que tout cela ne peut être expliqué à l'audience, on fera des *mémoires*, si le nom des *requêtes* paraît trop chicanier. Rien de plus innocent que de revenir à la loi du 3 brumaire an II, qui supprima les requêtes dans toutes les affaires et dans tous les tribunaux, *même en cassation*, et les remplaça par de simples mémoires, ce qui n'empêchait pas de dire en même temps : *la section des requêtes du tribunal de cassation*. J'ai vu dans cet âge d'or du palais, où il n'y avait plus d'avoués, un de ces mémoires qui contenait près de six cents rôles.

Mais si chacun écrit de son côté, sans connaître les objections, les titres, et les moyens de l'adversaire, il n'y aura ni discussion, ni réfutation possibles. Si les pièces justificatives ne sont pas jointes au mémoire, on sera réduit à croire les gens sur parole; et nous n'en sommes pas encore à ce degré de perfectibilité. Il faudra donc toujours *écrire, produire, et communiquer.* Ainsi faisait-on, même en l'an II. Cependant, comme tout le monde ne savait pas composer des mémoires, on avait, au lieu d'avoués, des rédacteurs officieux qui écrivaient, produisaient, allaient et venaient pour autrui, et qui, vu le privilége de leur *officiosité,* n'étaient soumis à aucune taxe, ni à aucune responsabilité.

Ce serait, sans doute, une ridicule circonspection que de trouver tout *bien* dans les détails du Code de procédure. Il est permis, en expliquant la loi, de noter ses imperfections et de publier des vérités utiles. Mais nous sommes un peu trop visités par l'esprit d'innovation ; je redoute ces turbulentes ardeurs qui menacent de tout abîmer, à force de tout idéaliser. Les tentations, en ce genre, se multiplient au point que le coup-d'œil le plus sûr et le plus exercé aurait peine à leur assigner un rang. L'air peut être plus pur dans les hautes régions, mais il n'a pas assez de consistance pour suffire aux mouvemens de la vie; il y a au fond des choses,

Aar. telles que notre état de civilisation les a
faites, des conditions de sûreté et des rami-
fications d'intérêts dont l'adhérence ne saurait être impunément brisée.

CHAPITRE VII.

DES JUGEMENS.

J'ai suivi l'ordre du Code, en réunissant dans le chapitre qui précède, *les délibérés* et *l'instruction par écrit ;* c'était une facilité pour mieux faire ressortir leurs affinités et leurs différences. Il eût été plus rationnel, peut-être, de placer, après le titre *des jugemens*, un titre *de l'instruction par écrit*, comme on a fait pour l'instruction des enquêtes, des expertises, des interrogatoires, etc. ; car l'affaire s'expose à l'audience, avant que le tribunal décide que les parties écriront leurs moyens et produiront leurs titres ; et cette décision est un véritable jugement dont l'expédition doit être levée, dont la notification doit être faite, pour que l'exécution puisse s'ensuivre.

ART.

Cependant, dira-t-on, l'instance subsiste toujours. Cette remarque me conduit naturellement à la distinction des diverses espèces de jugemens.

On vient à l'audience; on plaide; la clôture de la discussion semble annoncer la fin du procès. Mais le tribunal trouve l'instruction incomplète, ou la plaidoirie incompréhensible, et il ordonne, suivant les circonstances, que les parties s'expliqueront par écrit, ou qu'elles comparaîtront personnellement, ou qu'elles se feront les communications d'usage, ou qu'elles rempliront telles autres formalités pour régler la procédure, et l'acheminer vers l'issue de la cause. C'est ce qui s'appelle un *jugement préparatoire* : il ne préjuge rien, et les juges n'y révèlent en aucun sens la tendance de leur opinion sur le droit litigieux.

Mais si le jugement a, dans ses dispositions, quelque chose d'explicite; si l'intention qui l'a dicté se découvre, en s'attachant à un point décisif que la nouvelle instruction doit éclaircir; par exemple, si, avant de faire droit, le tribunal ordonne la preuve d'un fait, ce n'est plus la neutralité du simple *préparatoire* qui n'entame rien; c'est un *pré-*

jugé qui se manifeste, dans l'intervalle de la
demande à la décision définitive : *Judex
inter locutus est.* De là est venu son nom de
jugement interlocutoire.

Il peut arriver néanmoins que les juges,
après avoir reconnu la nécessité d'une preuve,
ou d'une vérification quelconque, reviennent
à d'autres considérations, retirent à l'interlocutoire l'importance qu'ils lui avaient donnée d'abord, et prononcent, à la fin, par
des motifs tout-à-fait indépendans de ses résultats. Ce qui n'est que préjugé n'est jamais
irréparable, et l'on a établi cette maxime :
L'interlocutoire ne lie pas le juge.

Le *jugement définitif* est celui qui termine
le procès. En règle générale, le tribunal qui
l'a rendu ne peut ni le changer, ni le corriger : *Et hoc jure utimur ut judex qui semel
vel pluris vel minoris condemnavit, amplius
corrigere sententiam suam non possit : semel
enim malè seu benè officio functus est* (1).

Il y a des jugemens mixtes, qui contiennent
à la fois des dispositions définitives et des dispositions interlocutoires.

_____

(1) *L. 55, ff. de re judicatâ.*

Art.   Voici un exemple : Je vous ai assigné en paiement de 10,000 fr. , pour ma portion dans les bénéfices d'une société que nous avons contractée. Vous vous défendez en disant que vous ne me devez rien , parce que je n'ai jamais été votre associé. Le tribunal décide qu'il y a société ; mais , attendu que rien ne justifie la vérité de mes allégations , relativement aux prétendus bénéfices , il ordonne , avant de statuer sur ce point, que vous me rendrez un compte , que je le débattrai , et que le tout sera rapporté devant lui, pour être réglé ainsi qu'il appartiendra.

Ce jugement est *définitif*, en ce qui touche l'existence de la société , qui ne peut plus être remise en question. Ce n'est qu'un *interlocutoire*, quant à la reddition préalable du compte. Il est possible que finalement on déclare ma demande mal fondée , et que les juges prennent, en dehors du compte rendu , la raison de décider (1).

---

(1) Le *préparatoire* ne préjuge rien , par conséquent il ne fait aucun grief. La loi ne permet pas qu'on puisse en appeler avant le jugement définitif.

L'*interlocutoire* préjuge, par conséquent il peut

Un jugement est *contradictoire*, lorsqu'il Art.
a été rendu sur les défenses respectives des
plaideurs : *contradicto judicio* (1).

Si l'un d'eux n'a pas comparu, ou si com-
paraissant il a négligé de se défendre, le jugement rendu contre lui s'appelle un *jugement par défaut.*

J'ai parlé, dans mon Introduction, des
jugemens *en premier ressort* et des jugemens
en dernier ressort (2).

Telle est la principale division des jugemens.
Une nomenclature plus étendue n'offrirait que
des variétés d'espèces qui se classeront d'elles-mêmes, à mesure qu'elles se présenteront.

Je dois parler de la formation du tribunal,
avant d'aborder ce qui se rapporte à la formation du jugement.

Il faut, dans les tribunaux inférieurs, trois

faire grief. La loi permet d'en interpeller appel avant
le jugement définitif. (Art. 452 du Code).

Cela présente quelques difficultés dans l'application. J'en parlerai avec plus d'étendue dans le chapitre des Cours royales ; ici je n'ai pu qu'ébaucher la
matière.

(1) *L.* 34 , *ff. de legibus.*

(2) Chapitre 13.

Art. juges, au moins, pour rendre un jugement(1);
et sept, au moins, dans les Cours royales,
pour rendre un arrêt.

Une grande question s'agite encore aujour-
d'hui, c'est celle de savoir si *l'unité* n'est pas
préférable à la *pluralité ;* en termes plus simples : si un seul juge ne vaut pas mieux,
pour juger, que plusieurs juges.

J. Bentham soutient l'affirmative, avec
toute la vigueur et toute la hardiesse de son
génie (2). Je me garderai bien de lui opposer
ces maximes coutumières de notre ancienne
France : « Voirs est que un home tant seulement ne peut fére un jugement... Encore
convient-il a jugement fére, quatre homes,
a tout le meins (3). » Le philosophe anglais
me renverrait à ses *sophismes du pouvoir,* et

---

(1) Sur l'appel, en matière correctionnelle, ils
doivent être au nombre de cinq. Loi du 20 avril 1810,
art. 41.

(2) *De l'organisation judiciaire et de la codifica-
tion, extraits de divers ouvrages de J. Bentham,*
par E. Dumont, chap. 10.

(3) Beaumanoir, chap. 61; Pierre de Fontaines,
chap. 21.

me dirait avec Bâcon « que nos ayeux étaient ART. des enfans au maillot ; que nous seuls sommes les barbes grises, les sages, nous qui avons accapparé, pour en faire notre profit, tout ce que la vie humaine peut recueillir d'expérience (1). » Cela peut être vrai, sous beaucoup de rapports. Les générations qui nous ont précédés avaient une jeunesse relative ; nous avons ajouté à leur instruction celle des siècles suivans. Mais dans ces trésors dont s'enrichit le dernier venu, c'est-à-dire, le plus vieux des siècles, le nôtre a-t-il compris le système *d'unité en judicature* (2) ? Les publicistes sont fort éloignés de s'accorder sur ce point.

L'opinion de Bentham contre la pluralité des juges se fonde sur deux motifs principaux :

1° L'influence que l'un des juges exerce ordinairement sur les autres, ce qui rend inutile le concours de ceux-ci ;

2° Le défaut d'une responsabilité qui, laissant à la charge de tout le corps l'odieux de l'iniquité, ne pèse directement sur aucun de ses membres.

(1) Revue britannique, 2ᵉ année, p. 250.
(2) Expression de Bentham.

Le savant M. Comte est venu prêter à cette thèse l'appui de son esprit géométrique et de sa puissante argumentation : « Multiplier le nombre des hommes, dit-il, n'est pas nécessairement un moyen d'accroître la masse des lumières, dans aucun genre de connaissances ; deux demi-savans ne font point un savant. Cela est vrai dans les sciences morales, comme dans les sciences physiques ou mathématiques ; dans les uns comme dans les autres, le nombre ne prouve rien que lui-même. Il serait aussi ridicule de prétendre obtenir la capacité d'un profond jurisconsulte en réunissant en corps trois médiocres légistes, qu'il serait ridicule de prétendre obtenir un savant mathématicien en réunissant quelques maîtres d'école de village, qui n'ont jamais su faire que des additions et des soustractions (1). »

Les défenseurs de *la pluralité* répondent que le premier motif de Bentham se détruit

---

(1) *Considérations sur le pouvoir judiciaire*, chap. 2, p. 68. M. Comte a placé *ces considérations* en tête de la seconde édition de sa traduction *des pouvoirs et des obligations des jurys*, par sir Richard Phillips.

par lui-même. Arguer de l'influence de l'un Art.
des juges sur les autres, c'est appréhender
que le jugement ne soit dicté par une seule
voix ; c'est donc changer en une funeste conséquence le principe du système de *l'unité*(1).

Quant au défaut de responsabilité, on trouverait pour y porter remède un moyen moins
tranchant, et que les meilleurs esprits appellent de tous leurs vœux : c'est le retour à la
loi qui obligeait les juges d'opiner à voix
haute.

Les chances d'erreur ou de vérité, dans
les décisions judiciaires, ne se doivent pas calculer comme des équations d'algèbre. Il faut,
pour administrer la justice, une connaissance
profonde des lois, une probité à toute épreuve,
une grande indépendance de caractère, un
esprit droit et une expérience consommée.
Or, s'il est rare de trouver une *unité* compo-
sée de ces précieuses fractions, il faut bien les
chercher dans la *pluralité*.

Le contraste des opinions éclaire tous les

(1) Voyez dans les *Annales de jurisprudence et de
législation*, pag. 315 et suiv., un article sur *l'Organisation judiciaire*, traduit de l'italien de M. Fe-
rini, avocat à Naples.

Art. aspects d'une question. Le dernier mot d'un
avis suffit quelquefois pour faire ressortir la
nuance que la première impression d'un autre
avait absorbée. Il y a un pouvoir d'opposition
dans la *pluralité*, et ce pouvoir sert puissamment à déconcerter les voix partiales ou
corrompues.

Il est possible de corrompre un seul juge;
les chanceliers d'Angleterre, qui jugent seuls
à la Cour de chancellerie, en ont fourni des
exemples (1). Il est à peu près impossible de
corrompre une compagnie toute entière.

Muratori n'accordait que le mérite d'une
consultation, *consulto di un avvocato*, à la sentence d'un juge unique; sa plus haute estime
était pour les décisions émanées d'un corps
de magistrats (2).

M. de Feuerbach en Allemagne, et M. Bérenger en France, tous deux renommés par

---

(1) Le lord Macclesfield, entre autres, au commencement du siècle dernier.

(2) « Quelle decisioni che vengono da un solo giu-
dice, poco o nulla s'han da credere differenti da i
consulti di un avvocato. Più stima di gran lunga
meritano, quelle che escono da un corpo di varij
giudici. » *Dei defetti della giurisprudenza.*

d'excellens écrits sur la législation (1), se ART.
sont fortement déclarés contre *l'unité en judicature.* « C'est, dit M. Bérenger, une première règle que les tribunaux soient composés
d'un grand nombre de juges. Ce concours
augmente les lumières, il contribue à dissiper les préventions, et il devient la meilleure
garantie de la bonté des jugemens. »

Je dois encore citer ce passage de *l'Histoire des Républiques Italiennes du moyen
âge,* par M. de Sismondi : « Dans presque
toute l'Italie, le jugement des causes tant civiles que criminelles est abandonné à un
seul juge. Peut-être s'est-on trompé dans les
autres pays, lorsqu'on a cru multiplier les
lumières en multipliant les juges. Plus le
nombre des juges est restreint, plus chacun
d'eux sent augmenter sa responsabilité, et se
fait un devoir d'étudier une cause sur laquelle
son seul suffrage peut avoir une si grande
influence. Mais on dénature un tribunal en
le réduisant à un seul homme : on ne laisse

---

(1) *Betrachtungen über die Oeffentlichkeit und
Mündlichkeit, etc.* Observations sur l'avantage d'une
procédure publique et orale, par A. Van Feuerbach.
De la justice crim. en France, par M. Bérenger.

ART. plus à celui-ci le moyen de distinguer entre ses
affections privées, ses passions, ses préjugés,
et les opinions qu'il forme en sa qualité
d'homme public. On expose les parties à souffrir de son humeur, de son impatience, et on
lui ôte le frein salutaire que lui impose 'la
nécessité d'exposer ses motifs à ses collègues,
pour les amener à son opinion. Il y a souvent
dans le cœur de l'homme des mouvemens
contraires à la justice ou à la morale, qui
contribuent à ses déterminations, sans qu'il
s'en rende compte. Celui même qui les res-
sent reconnaîtrait leur turpitude, et rougirait
de se soumettre à leur influence, s'il était
obligé de les exprimer (1). »

M. Meyer, après avoir rapporté les raisons
pour et contre, arrive à cette conclusion :
« qu'il ne faut pas perdre de vue les usages
établis (2). »

M. Cooper pense de même. Il lui semblait
d'abord (3) qu'il était plus conforme aux
principes d'une bonne organisation, de faire
siéger plusieurs juges dans un tribunal; mais

(1) Chap. 127, t. 16, p. 437.
(2) Inst. judic. t. 5, p. 358 et suiv.
(3) Lettres sur la chancellerie d'Angleterre, p. 58.

un ouvrage qu'il a publié depuis, sur l'administration de la justice en Angleterre, lui
a fourni le sujet d'examiner de nouveau la
question (1); il a trouvé que les argumens
se balançaient, et il croit, à présent, qu'on
aurait tort de changer l'ancien usage, qui
fait siéger un seul juge dans les différentes
sections de la Cour de chancellerie.

Le nom de Bentham, les lumières soudai-
nes qui s'échappent du nuage de ses opinions,
et le rare talent de son interprète, donnent de
prime abord au système qu'il a embrassé,
une importance que la réflexion décompose
facilement, et que ses disciples eux-mêmes
renoncent à généraliser. Il faut donc conclure
comme eux : laisser le lord chancelier juger
seul en Angleterre, et nos tribunaux juger
chez nous en nombre compétent.

Le président d'un tribunal et les vice-pré-
sidens doivent être, en cas d'empêchement,
remplacés, pour le service de l'audience, par
le juge présent le plus ancien dans l'ordre des
nominations.

(1) *A brief account of some of the most impor-
tant proceedings in parliament*, etc., p. 361.

ART. Si c'est un juge qu'il est indispensable de remplacer, on appelle, *pour compléter le nombre*, soit un autre juge disponible, soit un des juges suppléans, en observant dans tous les cas, *autant que faire se peut*, l'ordre des nominations.

A défaut de suppléans, on appelle un avocat attaché au barreau, et à défaut d'avocats, un avoué, en suivant toujours l'ordre du tableau (1).

Le but de ces dispositions est facile à saisir. On n'a pas voulu que l'absence d'un juge pût donner lieu à des arrangemens de faveur, pour la composition du tribunal.

Il suit de là que le jugement doit énoncer, à la fois, l'empêchement du juge titulaire et des suppléans, et celui des avocats ou des avoués qui précèdent, dans l'ordre légal, le dernier appelé (2).

Il arriva, du temps de M. d'Aguesseau, que des juges eurent la prétention de forcer un avocat dont ils avaient besoin pour se

(1) Décret du 30 mars 1808, art. 48 et 49.

(2) La jurisprudence n'est pas fixée sur la nécessité de cette énonciation. Voyez le Journal des Avoués, t. 31, pag. 308, 52 et 320.

compléter, à entendre la plaidoirie de la **Art.**
cause sur les bancs du barreau, sauf à lui
permettre de venir jusqu'à leurs siéges, lors
qu'il serait temps d'opiner. Il fallut que l'autorité du chancelier intervînt, pour leur faire
entendre raison (1).

C'est pour *compléter*, et non pas pour
constituer un tribunal, que des avocats ou des
avoués peuvent être appelés. Ainsi, un juge
resté seul après des récusations, ou des empêchemens, n'aurait pas la faculté de s'adjoindre
deux avocats ou avoués, parce qu'ils seraient
en majorité.

Cela ne s'applique point aux suppléans. Tels
qu'ils sont institués par les lois et par les règlemens relatifs à l'ordre judiciaire, les suppléans font partie de la composition des tribunaux de première instance (2). De même
que les juges en titre, ils sont nommés par le
Roi, et ils reçoivent, comme eux, un caractère
qui les attache à l'administration de la justice;

(1) Lettre 330 de M. d'Aguesseau, sur les matières
civiles.

(2) Voyez la loi du 27 ventôse an 8, celle du 20
avril 1810, et le décret du 18 août de la même
année.

Art. ils doivent avoir les mêmes qualités, ils prê-
tent le même serment avant d'entrer en fonctions. S'ils ne sont pas des juges *habituels*, il
n'est pas moins vrai qu'ils ne sont point
exceptionnellement appelés, comme les avocats ou les avoués, pour *compléter* un tribunal.

Remarquez toutefois qu'un suppléant n'a
pas le droit de prendre part à un jugement,
lorsque les titulaires se trouvent au nombre
requis. Son concours devient illégal, dès
qu'il est inutile. Il faut en dire autant du
juge attaché à l'une des chambres d'un tribunal, qui viendrait, sans nécessité, siéger
et juger dans une autre. Ce bénévole empres-
sement que rien ne pourrait justifier, rendrait
sa voix suspecte, et le jugement serait nul.

Il n'y a plus rien à dire sur les juges audi-
teurs, ils vont être supprimés. Cette magistrature expectante était en permanence
dans les tribunaux; les suppléans y montent
seulement lorsqu'ils sont appelés, et c'est la
nécessité qui les appelle. La différence est
grande. Quoi qu'il en soit, et généralement
parlant, cette position des suppléans n'est
guère propre à les élever au-dessus de toutes
les craintes et de toutes les espérances. Mieux
vaudrait peut-être les supprimer aussi, et

augmenter le nombre des véritables juges. Art·

Les jugemens sont rendus à la pluralité des voix. *Quod, judicum major pars judicaverit, id jus, ratumque esto.*

Cette pluralité est toujours une pluralité *absolue;* elle se compose de la moitié des voix, et d'une voix en sus, pour le moins.

Il importe de distinguer la pluralité des *voix*, de la pluralité des *avis*. Celle-ci n'est souvent qu'une pluralité *relative*, qui s'obtient en comptant les avis, sans avoir égard au nombre des votans. Elle pourrait faire prévaloir l'opinion de la minorité. Par exemple : il y a sept juges; trois sont pour un avis, deux pour un autre, et deux pour un autre encore. L'avis des trois a bien la pluralité, *relativement* aux avis différens qui n'ont réuni chacun que deux voix; mais si l'on faisait un jugement avec cette pluralité, il serait formé par trois voix sur quatre, c'est-à-dire, par moins de la moitié des juges.

· On va dire que mon principe et mon hypothèse conduisent à une conséquence inaccordable. En effet, si le jugement ne peut être rendu qu'à la pluralité *absolue*, et si la délibération ne produit qu'une pluralité *relative*,

Art. ou bien encore si les voix sont égales de part et d'autre, la cause ne sera donc jamais jugée?

Ces difficultés ont été prévues.

Plusieurs cas peuvent se présenter :

1° Deux opinions se sont formées; chacune d'elles est soutenue par le même nombre de juges : il y a partage. Alors le tribunal appelle un juge *départiteur*, pour faire pencher la balance de l'un ou de l'autre côté. C'est ce qu'on exprime au palais par ces mots : *vider le partage.* Je dirai plus loin les formes et les précautions que la loi prescrit en pareille circonstance.

2° Il s'est formé plus de deux opinions; aucune n'a la pluralité absolue. « La moindre doit se réunir à l'une des grandes, » disait l'article 86 de l'ordonnance de 1535. Telle est aussi la disposition du Code. Mais on a cru devoir ajouter que les voix seraient recueillies de nouveau, avant d'obliger les juges plus faibles en nombre à adopter l'une des opinions dominantes. L'affaire en reçoit un plus mûr examen; il peut arriver d'ailleurs que des avis changent, que la minorité, ramenant à soi quelques suffrages, devienne à son tour la majorité, et fasse le jugement.

Soit un tribunal composé de cinq juges : Art.
deux admettent les conclusions du demandeur, deux les rejettent, le cinquième ne
veut en adjuger qu'une portion. Il faut que
ces trois avis soient réduits à deux, afin que
la pluralité absolue puisse être acquise, parce que, en définitive, il faut qu'il y ait jugement. Et si une seconde collecte des voix
n'y apporte aucune modification, le cinquième
juge sera forcé d'abandonner sa propre opinion, et d'accorder tout, ou de n'accorder rien.

3° En suivant l'exemple pris d'un tribunal
composé de cinq juges, supposez deux avis
semblables, et trois autres avis qui soient isolés
et divers entre eux. Ici encore, point de pluralité absolue, et même, point de moyen d'y
arriver; car ce n'est pas à une seule opinion
dominante que chaque juge dissident est
obligé de sacrifier son opinion particulière :
un choix lui est imposé, et pour qu'il choi-
sisse, il est nécessaire que deux opinions
dominent; autrement deux voix sur cinq
feraient le jugement. Ce serait juger à la
mineure, suivant l'expression de Montesquieu.
Il n'y aura pas d'autre moyen, pour lever la
difficulté, que d'appeler un *départiteur;* c'est
comme s'il y avait partage.

Art.   On se tromperait donc, si l'on croyait qu'il ne peut exister un partage d'opinions que dans les cas où les juges siégent en nombre pair. Les avis sont partagés toutes les fois qu'il y a une division telle, qu'il n'en est aucun, ou qu'il n'en est qu'un seul, qui compte plus de voix que les autres. Trois juges sont sur le tribunal; chacun a son opinion distincte; ni le premier, ni le second, ni le troisième, ne sont obligés de céder. C'est une balance avec trois bassins de même poids. Quelques combinaisons que l'on puisse imaginer, tenons pour certain qu'il y aura lieu à déclarer le partage d'opinions, toutes les fois que le résultat de la délibération ne donnera pas aux voix les plus faibles en nombre un choix à faire entre les plus fortes. « Au reste, comme disait le Tribunat dans ses observations sur l'art. 117 du Code, il faut se confier à la prudence des juges qui seront excités par le zèle de leurs fonctions à trouver le moyen de s'entendre. »

Les règles du droit romain, sur cette matière, ne ressemblaient point aux nôtres. Dans l'hypothèse de trois juges, dont l'un aurait condamné à quinze écus, le second à dix, et le troisième à cinq, la sentence s'arrêtait à la plus faible somme, parce que le moins étant

dans le plus, les voix étaient réputées unani- ᴀʀᴛ.
mes pour les cinq écus : *quia in hanc sum-*
mam omnes consenserunt (1).

Quand le nombre des voix était égal des
deux côtés, le défendeur gagnait son procès, à
moins qu'il ne fût question de dot, de testament, de liberté. Alors on ne considérait plus
les qualités des parties; c'était le parti de la
liberté, du testament, ou de la dot, qui l'emportait (2).

Chez nous, c'est dans les affaires criminelles seulement que le partage d'opinions
équivaut à un acquittement : *in pœnalibus,*
humanitatis ratione.

Le premier devoir d'un juge est écrit dans
ces mots : *si judicas cognosce ;* ce qui s'en-

(1) *Si ex tribus arbitris, unus quindecim, alius*
decem, tertius quinquè condemnent, cui senten-
tiœ stetur? Et Julianus scribit quinque debere
prœstari, quia in hanc summam omnes consense-
runt. L. 27, § 3, *ff. de receptis, etc.*

(2) *Inter pares numero judices, si dissonœ sen-*
tentiœ proferantur, in liberalibus quidem causis
pro libertate statutum obtinet ; ɪɴ ᴀʟɪɪs ᴀᴜᴛᴇᴍ ᴄᴀᴜ-
sɪs, ᴘʀᴏ ʀᴇᴏ. *L.* 38 *ff. de re judicatâ.* Voyez aussi
L. 70, *ff. de jure dotium,* 85 *ff. de regulis juris, et*
10 *ff. de inofficioso testamento.*

Art. tend, non d'une simple notion qu'il peut avoir de l'affaire, par des circonstances qui lui sont personnelles, mais d'une connaissance judiciaire acquise dans les formes que prescrit la loi. En ce qui concerne la juridiction contentieuse, il est obligé de décider *secundum allegata et probata*. Il doit ne rien savoir des faits de la cause que par ce qu'il apprend à l'audience, et ne pas se donner pour témoin à lui-même.

Un jugement sera donc nul si parmi les magistrats qui prennent part à la délibération et à la prononciation, il en est qui n'avaient pas assisté à toutes les audiences de la cause (1).

Inférer de là que les mêmes juges qui assistaient à l'audience, quand une enquête, une expertise ou toute autre vérification ont été ordonnées, doivent nécessairement se retrouver sur le siége, pour entendre les discussions qui suivent l'interlocutoire, et pour rendre le jugement dernier, ce serait outrer l'application du principe, ce serait souvent exiger l'impossible. Les conclusions que reprennent les avoués, les plaidoiries qui rappellent tous les

(1) Loi du 20 avril 1810, art. 7

erremens antérieurs, forment une instruction Art.
distincte de ce qui avait été dit ou écrit
d'abord, pour fixer les questions du procès;
et des juges nouveaux peuvent, en définitive,
venir statuer sur ces questions, sans qu'on
puisse leur reprocher de ne pas les connaître
légalement.

Les alliances qui s'étaient formées entre
les gens de robe, les survivances anticipées
qui faisaient siéger le fils à côté du père,
avaient, presque partout, fait des tribunaux
le patrimoine de quelques maisons; l'opinion d'une famille y jugeait les procès. Dès
l'année 1750, les États assemblés avaient re-
montré, dans leurs doléances, les dangers de
cette *parentéle*, et le chancelier de l'Hopital
avait cru y avoir mis bon ordre par l'ordonnance d'Orléans. « Ne seront reçus, disait
l'article 32, en un même parlement, chambre
des comptes, ou autres Cours souveraines,
ni en un même siége, le père et le fils, deux
frères, l'oncle et le neveu; et avons, dès à présent, déclaré nulles toutes lettres de dispense
qui seraient obtenues au contraire, pour
quelque cause et occasion que ce soit. »
L'article 85 de l'ordonnance de Moulins,

Art. témoigne assez que la précédente avait été fort mal observée.

Les États de Blois firent à ce sujet de nouvelles remontrances, et l'édit de 1579, « pour obvier aux récusations, et pourvoir aux plaintes qu'on faisait ordinairement des grandes alliances qui étaient entre les officiers de la justice, » prescrivit de garder inviolablement l'article 32 de l'ordonnance d'Orléans.

Louis XIV étendit ces dispositions aux alliés du second degré, c'est-à-dire, au beau-père et au gendre, et aux deux beaux-frères, à peine de nullité des provisions et des réceptions qui seraient faites, et de la perte des offices. Il fit plus, il défendit aux titulaires reçus et servant dans les cours et siéges, de contracter alliance au premier degré, et, en cas de contravention, l'office du dernier reçu devait être déclaré vacant au profit de l'État (1).

La volonté de Louis XIV ne fut pas plus religieusement respectée que celle des rois ses prédécesseurs. L'ambitieuse ténacité des familles parlementaires protégea la résistance et les prétentions des siéges inférieurs. Il fallut céder et accorder des dispenses. On

(1) Édit du mois d'août 1669.

publia, pour tout remède, un édit portant Art. que les avis des juges, parens ou alliés aux degrés de père et de fils, d'oncle et de neveu, de frère, de beau-père, gendre et beau-frère, ne seraient comptés que pour un, lorsqu'ils seraient uniformes (1). De là des difficultés sans nombre pour l'expédition des affaires, des renvois et des évocations qui jetaient les plaideurs dans des juridictions lointaines. *Commodius erat illis causam perdere, quàm aliquid per talia dispendia conquirere.*

Les choses étaient dans cet état, à l'époque de l'organisation judiciaire de 1790. Une loi du 11 septembre de la même année fit revivre les anciennes ordonnauces ; l'incompatibilité des parens et alliés fut étendue jusqu'au degré de cousin issu de germain inclusivement. Elle fut restreinte aux cousins germains par la constitution de l'an 3. Plus de dispen-

---

(1) Cet édit du mois de janvier 1681 fut interprété par une déclaration du 30 septembre 1728, laquelle décide que le terme de *beaux-frères* comprend les maris des deux sœurs, et que celui de *beau-père* doit s'entendre également, et du juge dont un autre du même siége a épousé la fille, et de celui qui a épousé la mère d'un de ses collègues.

Art. ses, et par conséquent plus de confusion de voix. Si deux parens ou alliés au degré prohibé se trouvaient élus, l'élection du dernier était comme non avenue. Toutefois, dans le cas d'une alliance contractée par un juge avec un autre juge du même tribunal, après leur élection, on faisait porter l'exclusion sur celui qui avait contracté l'alliance, comme en ayant été seul et la cause et l'objet (1).

Dans ce temps-là, les juges étaient choisis par les assemblées électorales. Mais en l'an 8, ils durent être nommés par le chef du gouvernement, et la loi du 27 ventôse resta muette sur les incompatibilités résultant de la parenté. Le Code de procédure n'en parla pas davantage. Les uns prétendirent que c'était un oubli, et les autres que c'était une abrogation.

Le Conseil d'état ayant été consulté en 1807, il estima, non-seulement que ce silence équivalait à une confirmation des anciennes traditions de la monarchie, mais encore qu'il fallait y sous-entendre un surcroît de prérogatives en faveur de la couronne.

Voici son avis, qui fut approuvé le 13 avril.

_____

(1) Décret du 29 septembre 1793.

«Considérant que la loi du 27 ventôse an 8, ART.
qui a donné à sa Majesté la nomination des
membres des tribunaux, n'a rappelé aucune
des dispositions des lois précédentes sur l'incompatibilité dont il s'agit : d'où il suit qu'elle
n'a point limité les pouvoirs de sa Majesté;
qu'elle a laissé à sa sagesse le soin d'appeler
les plus capables, sans égard, s'il en était
besoin, à leurs parentés, et qu'elle a supposé
qu'en tout cas sa nomination emporterait dispense de plein droit.

(Ici le conseil considère assez longuement
que la loi du 11 septembre 1790 a subi des
restrictions par la constitution de l'an 3; que
ces lois ne peuvent convenir au nouvel ordre
de choses; qu'il n'y en a plus d'autre que celle
du 27 ventôse an 8, laquelle est muette sur
les incompatibilités.)

» Considérant que sa Majesté peut, sans
diminuer la prérogative qu'elle tient de cette
loi (du 27 ventôse an 8), en régler l'usage
de manière à prévenir les inconvéniens ou
les suspicions qui peuvent résulter des parentés ou alliances entre les membres d'un même
tribunal, et cependant passer sur ces inconvéniens, lorsque la nature des circonstances
et la qualité des sujets l'exigeront; qu'elle

ART. userait en cela du droit des rois qui étaient en possession d'accorder des dispenses de parenté;

» Est d'avis que sa Majesté pourrait prescrire au grand juge ministre de la justice de ne lui présenter aucun candidat pour les places de juge, de suppléant, pour celles du ministère public, celles de greffier, de commis-greffier, dans les cours ou tribunaux de justice civile ou criminelle, qu'il ne se soit assuré, par des certificats des présidens des cours ou tribunaux dans lesquels il s'agira de nommer, ou par toute autre voie qui paraîtra convenable, si les candidats sont ou non parens ou alliés des membres exerçant déjà dans lesdites cours ou tribunaux, *jusqu'au degré de cousin germain inclusivement.* Ainsi, le choix de sa Majesté sera éclairé sur ce fait : ou elle s'abstiendrait de nommer le candidat qui aurait un parent dans le tribunal, ou, si elle le nommait, ce serait par des considérations qui emporteraient implicitement une dispense donnée en connaissance de cause.

» Le conseil pense au surplus que dans le cas où des parens ou alliés au degré de cousin germain inclusivement, opinent dans la

même cause, l'ancienne règle, que leurs Art.
voix ne comptent que pour une, s'ils sont du
même avis, doit être observée. »

La loi du 20 avril 1810 est survenue ; son
article 63 porte que les parens et alliés, *jusqu'au degré d'oncle et de neveu* inclusivement,
ne pourront simultanément être membres
d'un même tribunal, ou d'une même cour,
soit comme juges, soit comme officiers du
ministère public, ou comme greffiers, sans
avoir obtenu une dispense ; qu'il n'en sera
accordé aucune pour les tribunaux composés
de moins de huit juges.

Une sorte de fatalité semble s'être attachée
à cette matière d'incompatibilité. La loi du
20 avril 1810 ne contient pas un seul mot
sur la computation des voix parentes ou
alliées, qui auraient reçu la faveur d'une
dispense.

On s'est donc repris à dire que c'était une
dérogation à l'avis du conseil d'état, et à cette
disposition offensante qui supposait que deux
juges, parce qu'ils sont parens, ne peuvent
avoir la même liberté de conscience, et le
même amour de la justice. Mais la Cour de
cassation a décidé « que la loi de 1810 n'avait
pu recréer le recours aux dispenses, à raison

ART. d'incompatibilité au degré prohibé, qu'avec le remède de la confusion des voix conformes, lequel *atténue* ainsi les inconvéniens qui résulteraient autrement de l'influence du concours de proches parens, dans le jugement des causes dont ils seraient juges ensemble (1). »

Cette difficulté n'a plus été élevée.

Il serait permis, peut-être, de regretter ces prohibitions franches et absolues de nos vieilles ordonnances, que la loi du 11 septembre 1790 avait fait revivre, et qui ne voulaient pas que des parens ou des alliés fussent membres d'un même tribunal. Il y a, dans l'administration de la justice, des susceptibilités qu'il faut à la fois comprendre et ménager. Il n'est pas impossible qu'une séduction tout innocente s'exerce entre des parens, pour faire triompher un avis; que les sentimens les plus purs et les plus honorables, des habitudes de respect et de confiance, fassent à l'opinion d'un père ou d'un oncle l'hommage involontaire de l'opinion d'un fils ou d'un neveu. Ce n'est pas une bonne loi que

(1) Journal des audiences de la Cour de cassation, t. 21, 1re partie, p. 299.

celle qui donne et qui entretient des pré- ART.
ventions contre les juges.

Confondre les voix des parens dans une
seule, lorsqu'elles sont semblables, c'est un
remède qui peut aigrir le mal, décomposer
les tribunaux, entraver le service, produire
des résultats bizarres, et mêler de nouveaux
doutes aux questions du procès.

Par exemple, je plaide dans une Cour
royale, devant neuf conseillers. J'ai cinq voix
pour moi; je devrais avoir gagné mon procès. Non. Deux de messieurs qui ont voté en
ma faveur sont parens au degré prohibé;
leurs voix n'en font qu'une; il y a partage.
J'aurais gagné s'ils eussent été un peu moins
proches.

Autre résultat : l'audience est formée du
nombre des juges indispensablement exigé
pour la validité d'un jugement; je plaide en
toute sécurité, et j'obtiens gain de cause. Mais
deux des juges étant alliés au degré prohibé,
leurs voix pouvaient être réduites à une
seule; et, sans qu'il soit besoin de rechercher
s'il y a eu, ou non, conformité entre les opinions qu'ils ont émises, le jugement est nul,
parce que la composition du tribunal était
incertaine.

ART.   Il est facile de prouver la possibilité du
fait, et la réalité du droit.

L'appel d'un jugement correctionnel avait
été porté devant le tribunal de Montbrison.
Il fallait cinq juges, aux termes de l'art. 40
de la loi du 20 avril 1810. Parmi les cinq
juges qui montèrent sur le siége, deux étaient
alliés. Il y eut pourvoi ; le jugement d'appel
fut cassé par les motifs qui suivent :

« Attendu que le nombre des juges exigé
par la loi, pour la validité des jugemens, doit
toujours être *certain, apparent et indépendant
des chances et du secret des délibérations;*

» Qu'il est prescrit autant pour l'intérêt
des parties et la confiance qu'elles doivent
avoir dans le fond du jugement, que pour
la solennité extérieure;

» Qu'il l'est aussi pour prévenir, dans les
délibérations, un partage qui nuirait toujours
à la partie civile, et souvent à la vindicte
publique;

» Que néanmoins un partage pourrait souvent avoir lieu dans un tribunal qui ne serait
constitué que de cinq juges, dont deux, par
la parenté et la conformité de leurs opinions,
ne seraient comptés que pour un;

» *Qu'un tribunal doit toujours être com-*

posé de manière qu'il n'y ait point d'incertitude sur la régularité de sa composition, et que, par des événemens *indépendans des parties*, cette composition ne puisse pas devenir illégale ;

» Qu'il s'ensuit qu'un tribunal correctionnel qui, en prononçant sur appel, n'est constitué que de cinq juges, dont deux sont parens au degré prohibé, est insuffisamment et illégalement composé, et que, par ce seul vice, quoiqu'il y ait eu dispense de parenté, et *quelles que puissent avoir été les chances de la délibération*, son jugement est essentiellement et radicalement nul (1). »

Personne ne doutera que cet arrêt ne soit bien applicable aux affaires civiles; ses termes sont assez clairs et assez généraux. La loi comprend toutes les matières, dans l'article dont la violation a été signalée : « Les juges ne pourront rendre *aucun jugement*, s'ils ne sont au nombre de trois; sur l'appel, en matière correctionnelle, ils seront au nombre de cinq (2). »

(1) Voyez le Répert. de M. Favard de Langlade, v° *jugement*, p. 183.

(2) Art. 40 de la loi du 20 avril 1810.

ART. Mais, dira-t-on, les parentés, les alliances entre les juges ne sont pas des mystères, et les plaideurs doivent s'imputer à faute de n'avoir pas pris les précautions convenables pour assurer la régularité du jugement. Ma réponse est toute prête : deux juges parens au degré prohibé avaient été, durant plusieurs années, membres d'un même tribunal, dans le ressort de la cour de Bourges ; les jugemens rendus avec leur concours simultané, comme s'ils eussent été étrangers l'un à l'autre, ne furent validés qu'en considération de l'*erreur* dans laquelle *le public* avait été induit à cet égard, suivant la fameuse loi romaine *Barbarius Philippus* : *hoc enim humanius erat* (1).

Enfin ces faveurs de dispenses, ces confusions de voix, soulèvent quelquefois des questions fort graves sur les divers accidens des affinités, et font éclore de nouveaux procès dans les procès. Une de ces questions imprévues embarrassa fort certain parlement, en l'année 1744; elle fut soumise à M. le chancelier d'Aguesseau, qui ne voulut pas la résou-

(1) *L. 3, ff. de officio prætorum.*
Voyez le Journal des Avoués, t. 15, p. 53.

dre avant d'avoir consulté les autres compagnies du royaume.

Voici l'espèce : Jacques, Henri et André sont tous trois conseillers dans la même Cour. André est fils de Henri et beau-frère de Jacques dont il a épousé la sœur, en sorte qu'il est comme le terme moyen où s'opèrent deux confusions de sa voix, l'une avec celle de son père, l'autre avec celle de son beau-frère.

Ces trois voix, lorsqu'elles sont uniformes, ne doivent-elles être comptées que pour une, attendu que la voix de Jacques se confondant avec celle d'André, qui de son côté se confond aussi avec celle de Henri, il ne peut en résulter qu'un seul suffrage? Les deux voix extrêmes se réunissant dans le même terme, c'est-à-dire, dans la voix d'André, y a-t-il lieu d'appliquer cet axiome : *quæ sunt eadem uni tertio, eadem sunt inter se?*

Ou bien, ne doit-on pas dire que les voix de Jacques et de Henri n'ont rien d'incompatible entre elles, et doivent compter pour deux? Il est vrai que la voix de Jacques se confond avec celle d'André, son beau-frère, et que celle d'André se confond aussi avec la voix de Henri, son père; mais les deux voix

ART. de Jacques et de Henri ne doivent-elles pas demeurer distinctes? Si elles se confondent avec celle d'André, c'est chacune séparément, l'une par la qualité de beau-frère, l'autre par la qualité de père; autrement la même voix se confondrait deux fois : celle de Jacques avec celle d'André, puis avec celle de Henri; ce qui arriverait de même à l'égard de ce dernier, dont la voix se confondrait d'abord avec celle de son fils, puis avec celle du beau-frère de son fils.

Il paraît que la solution fut donnée en ce sens : il est plus conforme au bon ordre de perdre une voix, que d'en perdre plusieurs. Si, dans la question proposée, les trois voix n'en faisaient qu'une, il en résulterait qu'un plus grand nombre de juges formerait un moindre nombre de voix; cette confusion pourrait même s'étendre sur beaucoup de magistrats, par le moyen d'un seul qui serait leur parent, quoiqu'ils ne le fussent pas entre eux. Ainsi le sort d'une partie dépendrait d'un seul juge; car, en supposant qu'elle eût pour elle la pluralité des suffrages, elle perdrait néanmoins son procès, si une voix nouvelle venait se joindre aux voix dominantes, opérer une confusion, et les absorber (1). ᴀʀᴛ.

En s'opposant à ce que des parens ou alliés, jusqu'à tel degré, puissent être simultanément juges dans un même tribunal, la loi s'explique d'elle-même; tout le monde comprend la moralité de ses motifs. Mais l'exception qui vient fausser la règle, en autorisant les dispenses, ne présente que de vaines idées de privilége, de faveur, ou de caprice.

« Lorsque dans une loi, les exceptions, limitations, ou modifications, ne sont pas nécessaires, dit Montesquieu, il vaut mieux n'en point mettre (2). » Lorsqu'elles y sont, et qu'elles nuisent, il faudrait se hâter de les faire disparaître.

Au moyen âge, le plaideur qui redoutait l'issue du jugement, requérait que chacun des hommes appelés pour le faire, fût tenu de dire son avis à haute voix. Quand le premier avait prononcé, si le second *s'ensuivait* en opinant de même, c'était le moment de le *provoquer*, et de dire que le jugement

(1) Voyez les œuvres de d'Aguesseau, édit. in-8°, t. 12, p. 97 et 98.

(2) Esp. des lois, liv. 29, chap. 16.

Art. auquel *l'ensuivant* s'accordait, était mauvais et déloyal. Alors les gages de bataille étaient reçus.

Ainsi faisait-on à l'égard des témoins. Celui contre lequel ils venaient déposer, *leur mettait sus* qu'ils étaient faux et parjures, et l'on combattait (1).

Il est vraisemblable que le mystère des opinions et le secret des enquêtes furent amenés par la désuétude des gages de bataille. On craignit que la publicité ne réveillât l'ardeur des provocations, et que l'audience ne redevînt une lice sanglante. Peut-être aussi la juridiction ecclésiastique profita-t-elle de l'opportunité de cette transition, pour donner aux Cours laies ses formes de procéder et de juger.

Depuis ce temps les juges ont opiné en secret.

« Et pour ce que par révélation des secretz de nostre Court, se sont ensuyvys et s'ensuyvent plusieurs maux et grandes esclandres, et en a été et est empeschée la liberté de délibérer et juger en icelle nostre Court, et qu'à faire tenir les conseils de nostre dicte Court

____

(1) Voyez l'Introd. chap. 15, p. 427 et suivantes.

secretz, nos prédécesseurs ont eu grande et singulière considération, ainsi qu'il appert par leurs ordonnances (1), et grandes peines corporelles et civiles imposées contre les révélations au temps passé; nous en ensuyvant lesdictes ordonnances, voulons et ordonnons que si aucuns présidens, conseillers, greffiers, noz advocats et procureurs généraux, ou autres, sont trouvez coupables en ce, qu'ilz soyent puniz estroictement, selon lesdictes anciennes ordonnances, par privation de gages, offices ou autrement, ainsi que nostre dicte Court verra estre à faire, selon la gravité du cas (2). »

On conçoit fort bien ces prudentes alarmes, et la nécessité de prévenir les *esclandres* que pouvait produire la publicité des opinions émises par les juges, à une époque où les souvenirs de la justice sauvage du champ clos et du gage de bataille étaient

_____

(1) *Post arrestorum prolationem, nullus cujus opinionis fuerint domini, debet aliis revelare. Contrarium verò faciens, perjurii pœnam noverit se incurrisse.* Ord. de 1334. Voyez aussi l'ord. de 1446.

(2) Ord. de 1453, art. 110.

ART. encore palpitans, où les mœurs étaient tout
empreintes de cette brutalité que l'ignorance,
les troubles et les guerres avaient entretenue.
Mais aujourd'hui toutes nos institutions ne
vivent que par la publicité, et le secret des
opinions, dans les jugemens, est une sorte
d'anachronisme.

La loi du 3 brumaire obligea les juges d'o-
piner en public et à haute voix; cette disposition fut abrogée par l'article 208 de la constitution de l'an 3. Etait-ce parce qu'elle mettait trop à découvert l'incapacité des gens que
l'on avait pris partout, pour en faire des magistrats? Quoi qu'il en soit, tous les publicistes qui ont écrit de nos jours sur l'organisation
judiciaire, s'accordent pour demander le retour au système des délibérations à haute
voix. Il faut prendre les bonnes idées où elles
se trouvent, sans considérer le temps ou l'en-
tourage de leur origine. Les opinions à haute
voix semblent tenir aux principes du gouvernement représentatif. Les affaires doivent,
en général, être mieux étudiées, mieux écou-
tées, mieux jugées, qu'elles ne le sont avec
le vote secret.

Mais on objecte les ressentimens, les hai-
nes et le danger des vengeances! Les officiers

du ministère public ne donnent-ils pas tout Art.
haut leurs conclusions? Le juge appelé pour
vider un partage ne fait-il pas connaître son
opinion? A-t-on redouté les ressentimens et
les vengeances pour les juges de paix?

En Angleterre, deux juges partent, à des épo-
ques déterminées, pour chaque circuit; l'un va
juger les affaires civiles, l'autre les affaires criminelles. Quand le fait est résolu par les jurés, reste
la question de droit; c'est alors que se manifeste
la science du jurisconsulte et celle du magistrat. Seul, en face du public et du barreau,
il motive son opinion et il prononce; la responsabilité morale du jugement pèse sur lui
toute entière. Dans les Cours où les juges délibèrent en commun, chacun d'eux donne
de même son avis à haute voix, et je n'ai pas
entendu dire que leurs fonctions, dans ce
pays, soient plus périlleuses que dans le nôtre.

Mais il faut revenir à ce qui est, et laisser
au temps et à la loi le soin de s'accorder sur
ce qui doit être.

Le président recueille les voix après que la
discussion est terminée.

Les juges opinent à leur tour, en commençant par le dernier reçu.

Art.   Dans les affaires jugées sur rapport, le rapporteur opine le premier (1).

Bodin, en son troisième livre de la République, approuve fort cette forme d'aller aux voix, en commençant par les plus jeunes et finissant par les anciens et les plus constitués en dignité. « Elle empêche, dit-il, que l'avis des personnages plus considérables n'en impose aux moins importans, comme il arrivait à Rome du temps des Empereurs. Quand ceux-ci voulaient s'autoriser du sénat., et s'assurer en même temps de son obéissance, ils ouvraient d'abord leur avis, bien surs qu'on ne les contredirait pas, mais que toute l'assemblée serait empressée d'y adhérer. »

Avant d'opiner et de juger, il est indispensable que les juges s'entendent sur les points qu'ils ont à décider.

Il n'y a point de difficulté concernant les *exceptions* qui se détachent préjudiciellement de la contestation principale (2). Si le défen-

_____

(1) Décret du 30 mars 1808, art. 35 et 73.

(2) Sur les *exceptions*, qu'il ne faut pas confondre avec les *défenses*, voyez l'Introd. chap. 5, p. 80 et suiv.

deur conclut à la nullité de l'ajournement, Art.
ou s'il querelle la compétence du tribunal,
ces questions doivent nécessairement être
posées à l'entrée de la délibération; ce sont
des *chefs* particuliers qu'il faut d'abord examiner et régler, car les juges ne peuvent aborder le fond du procès qu'après avoir reconnu
qu'ils en sont légalement saisis, ou qu'ils ont
le droit d'en connaître (1).

Mais il s'agit de savoir si l'on doit poser
autant de questions qu'il y a de points principaux de *fait* et de *droit*, et si chacune de
ces questions, par une conséquence toute
naturelle, doit recevoir sa décision particulière. En retournant la proposition : suffit-il
de ne mettre aux voix qu'une seule question
complexe sur l'objet de sa demande ?

Le danger de la confusion du fait et du
droit, dans la collecte des opinions, était un
des motifs les plus imposans que M. Duport
faisait valoir, à la tribune de l'assemblée
constituante, en faveur de l'application du
jury aux procès civils. J'ai donné une analyse
de son discours, et j'ai rapporté, si l'on veut
bien s'en rappeler, l'exemple dont il se ser-

(1) Ordon. de 1667, tit. 5, art. 5.

ART. vit, pour démontrer qu'en allant aux voix,
avant que les opinions eussent été préalablement arrêtées sur le fait, il était possible
qu'une cause avantagée de la majorité des
suffrages n'en fût pas moins une cause
perdue (1).

M. Bellot, tout en repoussant l'innovation
du jury en matière civile, a revêtu l'hypothèse de M. Duport d'une forme nouvelle, et
la loi de procédure pour le canton de Genève défend aux juges de passer aux questions de droit, avant d'avoir voté séparément
sur chacune des questions de droit (2). C'était
le tempérament proposé par M. Thouret,
pour écarter le jugement par jurés (3).

M. Toullier a copié M. Bellot (4). Je vais
le copier à mon tour, parce que, ce me semble, quelques objections peuvent être faites
contre le système du savant Génevois :

« Si les juges ne savent démêler dans les
conclusions des parties les points accordés
des points constatés, et, entre ces derniers,

---

(1) Voyez mon Introd. chap. 10, pag. 221 et suiv.
(2) Art. 104.
(3) Voyez l'Introd. chap. 10, p. 235 et suiv.
(4) T. 10, pag. 192 et suiv.

les points de fait et de droit, qui constituent Art.
véritablement le procès; si, en se bornant à
envisager la cause en masse, ils ne la décom-
posent en ses élémens; si, dans leur ignorance ou leur précipitation, ils n'y voient
que la seule question : *la demande est-elle
fondée ?* s'ils se croient d'accord pour l'avoir résolue unanimement dans le même sens, — ils
se trompent. Pour peu que l'affaire soit compli-
quée, on peut affirmer avec probabilité que,
loin d'être d'accord, chaque juge a vu et décidé un objet différent, que leur apparente
unanimité cache une divergence réelle, et
même, sans trop de témérité, que le jugement est rendu contre le vœu de la majorité.

» Un exemple va éclaircir notre pensée.

» On demande la nullité d'un testament.
Trois moyens sont employés à l'appui : — le
défaut de signature du testateur; — la qualité d'étranger de l'un des témoins ; — l'incapacité du testateur tirée de ce qu'il a été mis
sous un conseil judiciaire.

» Où sont les points accordés et les points
contestés entre les parties ?

» Pour les deux premiers, elles sont d'accord sur le droit. Elles reconnaissent que le
défaut de signature du testateur, s'il a pu

Art. signer, et la circonstance d'un témoin étranger, emportent la nullité du testament (1).

» Elles diffèrent sur le fait. — Le demandeur soutient que le testateur a pu signer,
que le témoin est étranger; — le défendeur,
que le testateur n'a pu signer, que le témoin
est républicole.

» Quant au troisième moyen, au contraire,
les parties sont d'accord sur le fait; le testateur a un conseil judiciaire. Elles diffèrent
sur le droit, sur la capacité de tester qu'accorde ou que refuse la loi à celui qui est
pourvu d'un conseil judiciaire.

» Quelles sont donc les questions élémentaires dans lesquelles se résout le procès,
celles que les juges ont à décider?

» Les deux questions de fait : — *Le testateur a-t-il pu signer?* — *Un tel témoin est-il
étranger?* — La question de droit : — *L'indi-
vidu à qui l'on a nommé un conseil judiciaire
est-il incapable de tester?*

» Supposons la cause devant un tribunal
de trois juges.

» Supposons encore que le premier juge
admette l'affirmative de la première ques-

(1) Code civil, art. 975, 980 et 101.

tion ; — le second de la seconde ; — et le ᴀʀᴛ.
troisième de la dernière, en soutenant chacun d'eux la négative des deux autres.

» Posez la question complexe : *le testament
est-il nul?* Soumettez-la aux votes. Comptez
les suffrages. Le tribunal, à l'unanimité, a prononcé la nullité.

» Mais ce résultat est trompeur. Chaque
juge a résolu une question différente. Chaque
moyen n'a eu qu'un suffrage. Loin d'être d'accord, ce tribunal est partagé par les opinions
les plus divergentes; loin d'être unanime, la
minorité seule a triomphé.

» En voulez-vous la preuve ?

» Posez les questions auxquelles nous avons
réduit ci-dessus le procès; faites voter séparément sur chacune d'elles ; qu'obtenez-
vous?

» Chaque question est décidée négative-
ment par deux voix contre une. Les trois
moyens de nullité sont écartés, le testament
est déclaré valide.

» Ce résultat, diamétralement opposé au
précédent, est le seul exact, le seul vrai, puisqu'il réunit sur chaque question élémentaire
de la cause une majorité évidente et réelle,

Art. sans possibilité de confusion et de méprise(1). »

Des idées aussi bien exprimées frappent au premier coup d'œil ; c'est un puissant moyen pour attirer l'attention, et pour exciter l'intérêt de tous ceux qui s'occupent des théories judiciaires.

Mais en réfléchissant sur ce qui vient d'être lu, je demande si l'on n'y a point confondu les *moyens* de l'action, avec les *chefs* de *conclusions?*

Les tribunaux ne sont pas institués pour donner une opinion sur des questions considérées en pure abstraction, et pour créer un droit en faveur des parties, mais seulement pour déclarer leur droit. Ceci posé, le juge ne doit s'attacher qu'à l'objet du procès ; car tout le droit est là.

Le testament est-il nul? si les trois juges appelés à statuer sur les moyens de nullité sont, chacun à part soi, convaincus qu'il doit être annulé, ce serait une étrange justice

(1) Exposé des motifs de la loi de procédure pour le canton de Genève, p. 70 et suiv.

que celle qui ferait sortir de cette unanimité Art.
une sentence portant que le testament est bon.

Mais, dit-on, chaque moyen de nullité
n'a-t-il pas été rejeté à la majorité de deux
voix contre une? Il n'y a eu rien de rejeté
que le testament. Opiner par moyens, ce
n'est pas juger; c'est discuter des motifs. Di-
visées sur les moyens ou sur les motifs, toutes les voix se sont réunies, en jugeant, dans
la même opinion finale.

Il faut donc distinguer les *moyens* d'avec
les *conclusions*.

On demande la nullité du testament. Voilà
les *conclusions*.

Mais pourquoi le testament est-il nul?
Parce que le testateur ne l'a pas signé, quoiqu'il eût pu le faire; parce que l'un des témoins était étranger; parce que le testateur
était soumis à l'autorité d'un conseil judiciaire. Voilà les *moyens*.

Que les juges aient été diversement touchés
de l'un ou de l'autre, peu importe. Chacun
s'est arrêté à celui qu'il a trouvé le plus certain, et le testament a été jugé nul.

Je vais plus loin : à la vue du testament,
les juges auraient pu se décider par un moyen
échappé à l'attention du demandeur, tel

qu'eût été, par exemple, le défaut de mention de la lecture, en présence des témoins. Qu'on ne dise pas qu'ils auraient adjugé plus qu'il n'était demandé; car il n'y avait qu'une demande : la nullité du testament.

Remarquez d'ailleurs que, tous les jugemens devant être motivés, il a bien fallu que la pluralité se soit accordée sur le choix des motifs, si le testament a été annulé. Cette observation rend presque imperceptible l'intérêt de la question agitée.

Je prie qu'on me permette de faire une autre distinction, celle des motifs et du jugement.

Les motifs sont au jugement ce que les moyens sont aux conclusions.

De même que la demande n'est que dans les conclusions, de même la chose jugée n'est que dans le dispositif du jugement.

L'opinion d'un juge se résout dans le jugement. On peut très-bien juger par de mauvais motifs. Les Cours royales confirment tous les jours des jugemens, tout en déclarant que les motifs en sont erronés; et plus d'un arrêt serait cassé, pour violation ou pour fausse interprétation de la loi, si la Cour suprême ne reconnaissait pas qu'il peut se sou-

tenir par d'autres motifs que ceux sur les- ᴀʀᴛ·
quels il a été appuyé (1).

Cette manière de convertir tous les *moyens*
en *questions*, pour en faire l'objet d'autant de
jugemens successifs, est annoncée comme
une sorte de transaction que l'on voudrait
ménager entre notre procédure et le jury
civil des Anglais. Mais, en Angleterre, la
question et le *verdict général* des jurés se
bornent à ces mots : *pour le demandeur*, ou
pour le défendeur. Lors du fameux procès
d'Edward Bushel, sir John Vaughan disait :
« Ce que les jurés répondent quand ils sont
interrogés sur quelque fait particulier, n'est
point une partie essentielle de leur *verdict*,
et ils ne sont pas tenus de s'accorder sur ces
particularités. S'ils conviennent de rendre
leur *verdict pour le demandeur*, ou *pour le
défendeur*, ils peuvent différer dans leurs motifs, tout comme les juges peuvent différer
dans leurs raisons, lorsqu'ils rendent une
décision; ce qui n'est pas rare (2). »

---

(1) Voyez le répert. de M. Merlin, v. *Motifs* n° 4,
Excuses n° 3 et 4, *Menaces* n° 2, et les questions de
droit, v. *Appel* § 9, *Testament conjonatif* § 2, etc.

(2) *Des pouvoirs et des obligations des jurys*,

ART.   Le système divisoire, pour la collecte des
voix, tel qu'il est établi par les hypothèses de
M. Duport et de M. Bellot, expose les plaideurs aux chances de trois procès, au lieu
d'un seul, puisque les suffrages obtenus dans
l'une des délibérations ne doivent pas être
comptés dans l'autre. Ajoutez encore que le
résultat est de faire triompher celui que tous
les juges s'accordaient à condamner.

Voulez-vous consulter l'esprit général de la
législation sur cette décomposition des causes
en une multitude de questions élémentaires?
voyez les matières criminelles.

Les auteurs du Code de brumaire an 4,
pour éviter la complexité, s'étaient jetés dans
l'excès opposé; ils découpaient en questions
toutes les circonstances principales, subsi-
diaires et accessoires du fait, et l'on vit sortir
de ces opérations jusqu'à dix, vingt et trente

---

par sir Richard-Phillips, traduit de l'anglais par
M. Comte, pag. 447. On peut voir, dans cet excellent
ouvrage, les détails du procès de Bushel, qui réveilla
si énergiquement l'attention du peuple sur les vio-
lences faites aux jurés, et sur la violation manifeste
des règles de la justice. Ce fut une des principales
causes de l'expulsion définitive des Stuarts.

mille questions (1). Toutefois ils y avaient ART.
mis un correctif. Le juré qui avait déclaré
le fait *non constant*, n'avait plus de déclaration à faire sur les autres questions. La loi
opinait à sa place ; son suffrage se reprodui-
sait de droit, en faveur de l'accusé, à toutes
les délibérations qui suivaient, soit relativement à la culpabilité, soit relativement aux
circonstances aggravantes.

Aujourd'hui, toute l'accusation et toute la
défense sont enveloppées dans cette question
complexe : *l'accusé est-il coupable* (2) ? C'est
aux jurés qu'il appartient de poser dans leurs
consciences les questions élémentaires, et de
s'interroger sur les motifs de leur opinion.
Le fait est-il constant ? Est-il criminel ? Est-
il prouvé que l'accusé en soit l'auteur ? Tous
ces points se réduisent à quatre mots : *coupable*, ou *non coupable*.

Il me serait facile de prouver, à mon tour,
qu'en divisant le jugement par questions, un
accusé peut être condamné à la majorité de
7 voix contre 5, et qu'il serait acquitté par

(1) Compte rendu en l'an 11, par le grand juge,
Journal des Débats du 18 décembre 1817. M. Gran-
ger, *Idées des abus en justice criminelle.*

(2) Articles 337 et 345 du Code d'inst. criminelle.

Art. les mêmes jurés, à la majorité de 10 voix contre une, si la question posée était complexe (1).

(1) Je choisis l'exemple le plus simple. Il y a douze
jurés :

N° 1. Cinq sont d'avis que le fait est prouvé, mais
qu'il n'est pas criminel.

N° 2. Cinq sont d'avis que le fait est criminel,
mais qu'il n'est pas prouvé.

N° 3. Deux sont d'avis que le fait est prouvé et
qu'il est criminel.

Posez d'abord la question sur la preuve du fait;
vous trouverez contre l'accusé

Les cinq juges du n° 1   5
Les deux juges du n° 3.   2
                                         ————
                                           7

Posez ensuite la question de criminalité, vous trouverez encore contre l'accusé

Les cinq juges du n° 2.   5
Les deux du n° 3.   2
                                         ————
                                           7

Il est condamné.

Maintenant ne posez que cette question : *est-il
coupable?* vous aurez pour l'accusé

Les cinq juges du n° 1.   5
Les cinq juges du n° 2.   5
                                         ————
Il est acquitté.   10

Voyez, dans le même sens, *De la liberté dans ses*

Tout considéré : que la délibération soit Art.
simultanée ou successive, simple ou double,
suivant les circonstances, le nombre et la
difficulté des points contestés, le meilleur
mode d'opiner, en matière civile comme en
matière criminelle, sera toujours celui qui
donnera pour résultat l'avis de la majorité
sur l'objet du procès.

J'ai parlé du partage d'opinions, et des cas
divers dans lesquels il doit être déclaré. Je
vais expliquer les règles que la loi prescrit
pour le *départage*.

Ces règles n'existaient point autrefois; il
n'y avait que des usages. Dans les justices
subalternes, on appelait un gradué présent
à l'audience, ce qui dispensait de recommencer les plaidoiries. Dans les présidiaux, on
renvoyait la cause au jugement du présidial
le plus prochain. Dans les bailliages ou sénéchaussées qui avaient assez de juges pour
former deux chambres, le partage déclaré
par l'une était vidé par l'autre, ou bien on
faisait monter au siége un avocat. Dans les

rapports avec les institutions judiciaires, 1823,
par le premier président de la Cour royale d'Ajaccio.

Art. parlemens, chaque opinion du partage était
représentée par des députés qui allaient exposer l'affaire, soit à la grand'chambre, soit à
l'assemblée des chambres ; et, s'il intervenait
encore un partage, le procès était dévolu au
parlement voisin, où les députés se rendaient,
aux frais des parties, afin d'y soutenir les
différens avis. Quelquefois **on** obligeait le
dernier reçu des juges à se retirer, et il n'y
avait plus de partage. Quelquefois aussi on
convenait de s'en rapporter à la décision d'un
ancien magistrat, qui venait à la délibération,
et auquel on rendait compte de ce qui avait
été dit de part et d'autre. Ainsi le jugement
était rendu, le plus souvent, sur le récit
des députés, sans que les *départiteurs* eussent entendu les plaidoiries et les conclusions des gens du roi ; ou bien c'était sur l'avis
d'un avocat qui se trouvait dans l'auditoire,
et qui n'avait pris aux débats de la cause que
le vague intérêt d'un simple spectateur.

La loi du 24 août 1790 ne contenait aucune
disposition touchant les partages d'opinions.
Les tribunaux de district, composés de cinq
à six juges au plus, restèrent donc libres
d'en user à leur convenance, comme ceux
qui les avaient précédés.

En l'an 4, les tribunaux de district furent ART.
remplacés par les tribunaux de département,
qui comptaient vingt juges au moins. Ce fut
sous ce régime que l'on songea, pour la première fois, à régulariser le mode de vider les
partages.

Une loi du 14 prairial an 6 y pourvut en
ces termes :

« Art. 1er. Lorsqu'en procédant au jugement d'une affaire civile, les juges d'un tribunal se trouveront partagés entre deux opinions, ils s'adjoindront trois autres juges, les
premiers dans l'ordre du tableau du même
tribunal.

» Art. 2. L'affaire sera de nouveau plaidée,
ou rapportée, tant en présence des juges partagés d'opinions, que de ceux qu'ils se seront
adjoints, et jugée à la pluralité des voix. »

Mais en l'an 8, une organisation nouvelle
rétablit les tribunaux de district, sous le nom
de tribunaux d'arrondissement, avec trois ou
quatre juges seulement. L'exécution de la
loi du 14 prairial an 6 devint impossible.

Un avis du conseil d'état, approuvé le 17
germinal an 9, déclara qu'il fallait réduire à
un seul *départiteur* le nombre fixé en l'an 6.

Cet avis fut dicté par des souvenirs d'an-

Art. cienne pratique. Il y est dit, d'abord, qu'un partage d'opinions ne peut jamais avoir lieu dans les tribunaux de trois juges, ce qui est une erreur (1); que dans ceux où l'on compte quatre juges et plus, on aura toujours, pour départager les voix, un juge disponible, ou un suppléant, ou enfin uu *homme de loi*. L'obligation de recommencer les plaidoiries ne s'y trouve pas : au contraire, le conseil regardait comme plus expédient de prendre le départiteur parmi les hommes de loi qui auraient assisté à l'audience, *parce que ce parti dispenserait de recommencer les plaidoiries, et préviendrait des retards et des frais.*

M. Merlin paraît croire que l'article 118 du Code de procédure a été *calqué* sur cet avis du conseil d'état. La différence est grande. Le Code de procédure veut que les juges, les suppléans, l'avocat, ou l'avoué appelé pour vider le partage, soient toujours pris suivant l'ordre du tableau; c'est une garantie fort importante à laquelle le conseil d'état n'avait pas pensé. Le Code exige que l'affaire soit plaidée, de nouveau, devant les juges partagés et

(1) Voyez ci-dessus, page 378.

le départiteur, « lors même que celui-ci aurait Aɴᴛ.
assisté à toutes les audiences, parce que, n'ayant
pas été là comme juge, il n'est pas présumé
avoir donné à la discussion toute l'attention
nécessaire (1). » Le conseil d'état n'avait
point eu pareil souci ; d'après son système,
le premier *homme de loi* pouvait être invité à
venir juger. Remarquez que, dans ce temps-
là, était *homme de loi* qui voulait.

La déclaration du partage annonce que,
dans l'état actuel des choses, le procès ne
peut pas être vidé ; et c'est pour qu'il soit
possible d'arriver au jugement, qu'un départiteur doit être appelé. Or les opinions déjà
émises ne sont point invariablement fixées,
car un juge conserve toujours la liberté de
revenir sur son avis, tant que le jugement
n'est pas prononcé à l'audience. Il s'ensuit
que, la cause étant plaidée de nouveau, lorsque le départiteur vient s'adjoindre aux juges
partagés, ceux-ci ont le droit incontestable de concourir encore au jugement, et de
changer leur première opinion. Ce n'est point

(1) Discours de l'orateur du tribunat, sur les deux
premiers livres du Code.

ART. le départiteur qui juge seul, c'est le tribunal
qui juge avec le départiteur.

De cette conséquence dérivent d'autres solutions :

Les attributions du départiteur sont plus
étendues que sa qualité ne semblerait l'indiquer. Elles ne se bornent point au jugement de
la question sur laquelle il y avait eu partage ;
son adjonction l'investit des mêmes pouvoirs
que les autres juges, pour tout ce qui se rattache au procès, soit principalement, soit ac-
cessoirement. « S'il en était autrement, a dit
la Cour de cassation, les juges partagés pourraient trouver le moyen de revenir indirectement sur le partage, de se reconstituer juges
exclusifs du différend, et d'enlever aux parties le droit qui leur a été irrévocablement
acquis, d'avoir d'autres juges que ceux qui
avaient déjà émis leur opinion (1). » Ajoutez
que ce serait presque toujours, à raison de
la connexité, s'exposer à de nouveaux partages.

Après la déclaration du partage, un des
juges est promu à d'autres fonctions; il est

_____

(1) Voyez les questions de droit de M. Merlin, v°
tribunal d'appel, § 5.

suspendu, absent, ou mort : sa voix ne pèse **ART.**
plus dans la balance, l'équilibre est rompu,
la majorité reste à l'une des deux opinions.
Faudra-t-il néanmoins appeler un départiteur, et faire recommencer les plaidoiries?
L'affirmative n'est pas douteuse. L'opinion du
juge absent ou décédé n'était point irrévoca-
ble, il pouvait la rétracter. Le jugement
n'était pas fait; il ne l'est pas encore, et le
partage déclaré doit être vidé. C'est une règle
d'ordre public, la nullité résultant de son
inobservation ne serait pas couverte par le
silence des parties (1). Mais alors il faut,
au lieu d'un, appeler deux départiteurs, car
un seul départiteur, s'il adopte l'opinion du
juge qui manque, ne fera que renouveler
le partage (2).

« Que les présidens oyent bénignement les

(1) Arrêt de la Cour de cassation du 20 juillet 1829.
(2) On peut opposer l'article 468 du Code de procédure, titre des *Cours royales*, lequel porte que
les départiteurs doivent *toujours* être appelés en
nombre *impair*. Cet article n'a pas prévu le cas
extraordinaire dont il s'agit ici, il ne s'applique
qu'au cas ordinaire d'un simple partage. Voyez le
comment. de M. Pigeau, t. 1er, page 282.

Art. opinions des conseillers, en faisant le jugement des procès, et ne dient chose pourquoi leur opinion puisse être apperceue, jusqu'à ce que tous les conseillers présens au jugement ayent dit leur opinion : sauf toutefois que si par lesdiz présidens, rapporteur ou autre, estait apperceu qu'aucun des opinans errast en fait, il l'en pourrait advertir (1). »

» Nous enjoignons à nosdits présidens et conseillers que, durant qu'on expédiera les procès et autres affaires estant en la cour, *ils tiennent silence.*

» Nous défendons que, durant lesdites expéditions, nosdits présidens et conseillers ne s'occupent à choses qui les pourroient empêcher à entièrement entendre les mérites des procès et affaires, (faire dictions, écrire lettres, lire registres, ou autres choses non concernant lesdits procès et matières mises en délibération), sous peine de perdition de leurs gages, à tel temps que la cour verra

(1) Ordonnance donnée par Charles VII, à Montilsles-Tours, le 28 octobre 1446, art. 14. *Recueil des anciennes lois françaises*, par MM. Isambert, etc., t. 9, p. 155.

être à faire, mêmement sur ceux qui seront Art.
coutumiers de ce faire (1). »

» Au conseil, quand aucun dit son opinion,
il ne doit touchier, ne dire nommément ce
qui ait été touchié, ne dit en sa présence (2).

» Défendons à tous présidens et conseillers
qu'en jugeant aucunz procez, ilz ne dient et ne
proposent aucuns faictz, soit à la louenge ou
vitupère des parties, ou de l'une d'icelles,
ou de la matière de quoy l'on traicte, que les
faictz proposez par les parties au procez ; car
les parties savent, ou doivent mieux savoir
leurs faictz qu'elles ont a proposer, que ne
font les juges, et s'aucun faisoit le contraire,
en disant son opinion ou autrement, ce sem-
bleroit estre plus d'affection que de raison (3). »

Le décret du 24 août 1790 portait que les
juges s'adresseraient au corps législatif, toutes
les fois qu'ils croiraient nécessaire, soit d'in-
terpréter une loi, soit d'en faire une nou-

(1) Ordonnance donnée à Paris par Charles VIII,
au mois de juillet 1493, art. 4 et 5, *ibid.*

(2) Ordonnance donnée au Val Notre-Dame, par
Philippe de Valois, le 11 mars 1344, art. 12, *ibid.*

(3) Ord. de 1453, art. 115.

ART. velle (1). Bientôt les tribunaux, abdiquant
l'interprétation de doctrine qui ne cessa
jamais de leur appartenir, se réduisirent à
une sorte d'état passif, et n'osèrent plus juger,
dès que le moindre doute vint se présenter
à eux, sur l'entente de la loi. Ils ne virent pas
d'abord que la prohibition s'appliquait uniquement à ce droit de réglementer, que les cours
s'étaient autrefois arrogé. La mauvaise rédaction des décrets de la Convention ne con-
tribua pas peu à multiplier les référés; les
jugemens demeurèrent suspendus, et le pouvoir législatif se trouva confondu avec le
pouvoir judiciaire. La Convention donna des
rescrits, comme en avaient donné les empereurs romains. « Macrin avait résolu d'abolir
tous les rescrits, dit Montesquieu, il ne
pouvait souffrir qu'on regardât comme des
lois les réponses de Commode, de Caracalla,
et de tous ces autres princes pleins d'impé-
ritie (2). »

Cependant cette dangereuse manie de faire
les lois et les jugemens tout ensemble, s'affai-
blit par degré. Le gouvernement lui-même

(1) Article 12 du titre 2.
(2) Esp. des lois, liv. 29, chap. 17.

dénonça au tribunal de cassation l'abus des Art.
référés au législateur, et l'on parvint à comprendre que s'il est interdit aux juges de généraliser leurs décisions, sous une forme réglementaire, il leur est enjoint, au contraire, de percer l'écorce de la lettre, pour découvrir l'esprit de la loi, et de suppléer à son silence par des maximes, par des usages, par des exemples, par la doctrine, afin que les causes portées devant eux puissent être expédiées (1).

(1) J'ai consacré quelques pages de mon Introduction à cette distinction, entre l'interprétation *de doctrine* et l'interprétation *d'autorité*. Les questions qui s'agitaient avant la loi du 30 juillet 1828, sur le pouvoir d'interprétation, après deux cassations, s'y trouvent également, chap. 17, pages 502 et suivantes. Je vais transcrire ici cette loi, pour compléter une discussion à laquelle je prie qu'on veuille bien se reporter.

« Art. 1er. Lorsqu'après la cassation d'un premier arrêt ou jugement en dernier ressort, le deuxième arrêt ou jugement rendu dans la même affaire, entre les mêmes parties, est attaqué par les mêmes moyens que le premier, la Cour de cassation prononce, toutes les chambres réunies.

» Art. 2. Lorsque la Cour de cassation a annulé deux arrêts ou jugemens rendus en dernier ressort,

Art.   Tout cela se trouve résumé dans les articles 4 et 5 du Code civil :

« Le juge qui refusera de juger, sous prétexte du silence, de l'obscurité ou de l'insuffi-

attaqués par les mêmes moyens, le jugement de l'affaire est, dans tous les cas, renvoyé à une Cour royale.

» La Cour royale saisie par l'arrêt de cassation prononce, toutes les chambres assemblées.

» S'il s'agit d'un arrêt rendu par une chambre d'accusation, la Cour royale n'est saisie que de la question jugée par cet arrêt.

» En cas de mise en accusation ou de renvoi en police correctionnelle, ou de simple police, le procès sera jugé par la Cour d'assises, ou par l'un des tribunaux du département où l'instruction aura été commencée. Lorsque le renvoi est ordonné sur une question de compétence ou de procédure, en matière criminelle, il ne saisit la Cour royale que du jugement de cette question. L'arrêt qu'elle rend ne peut être attaqué sur le même point, et par les mêmes moyens, par la voie du recours en cassation : toutefois il en est référé au Roi, pour être ultérieurement procédé par ses ordres à l'interprétation de la loi.

» En matière criminelle, correctionnelle ou de police, la Cour royale à laquelle l'affaire aura été renvoyée par le deuxième arrêt de la Cour de cassation, ne pourra appliquer une peine plus grave dans la même affaire, et entre les mêmes parties, que

sance de la loi, pourra être poursuivi comme Art.
coupable de déni de justice. »

« Il est défendu aux juges de prononcer
par voie de disposition générale et réglementaire, sur les causes qui leur sont sou-
mises. »

Il en avait été de même à Rome. Les juges
s'étaient accoutumés, lorsqu'ils doutaient sur
le droit, à consulter le président de la
province : *Judicibus de jure dubitantibus præ-
sides respondere solent*, disait Ulpien (1).
Mais l'empereur Justinien fit une constitution,
pour leur ôter cette faculté d'ordonner, avant
de faire droit, qu'il en serait référé aux magistrats supérieurs, ou au prince, sur l'interprétation de la loi : *jubemus igitur nulli
judicantium, quolibet modo vel tempore, pro
causis apud se propositis nuntiare ad nostram
tranquillitatem, sed examinare perfectè cau-*

celle qui résulterait de l'interprétation la plus favorable à l'accusé.

» Art. 3. Dans la session législative qui suit le référé, une loi interprétative est proposée aux chambres.

» Art. 4. La loi du 16 septembre 1817, relative à
l'interprétation des lois, est abrogée. »

(1) *L.* 79, § 1, *ff. de judiciis et ubi quisque
agere*, etc.

ART. *sam, et quod eis justum legitimumque videtur,* *decernere* (1).

Les jugemens sont prononcés publiquement, à l'audience, par le président, ou par le juge qui en remplit les fonctions. C'est dans les jugemens mêmes, *et non extrinsecùs,* que doit se trouver la preuve de leur publicité. Toutes les expressions desquelles cette preuve ne sortirait pas claire et formelle, ne les mettrait point à l'abri de la nullité.

Un jugement prononcé n'appartient plus aux juges ; il doit être remis à la garde du greffier qui en répond également aux deux parties, et qui est chargé de leur en délivrer des expéditions, lorsqu'elles le demandent.

« Et pour ce que souventes fois les juges tant nostres que autres, après leurs sentences prononcées, dont aucunes des parties appellent, après l'appellation faicte, corrigent leurs sentences, et les mettent par escrit en d'autres formes qu'ils ne les ont prononcées, dont les parties sont moult vexées et travaillées, et en advient de grands inconvéniens ;

(1) *Nov.* 25, *cap.* 1.

nous, voulans relever nos subjects des dépens   Art.
et charges inutiles, avons ordonné et ordonnons que tous les juges et justiciers de nostre
royaume, tant nostres qu'autres, avant qu'ils
prononcent leurs sentences définitives ou autres, dont les parties seront appoinctées en
droit, bailleront aux greffiers de leurs Cours,
en escrit, le brief ou *dictum* de leur sentence,
tel qu'ils le prononceront, lequel brief ou
dictum le dict greffier sera tenu de garder
par devers lui, et de l'enregistrer (1). »

L'ordonnance de 1667 exigeait que le président signât, à l'issue de l'audience, chaque
jugement ou arrêt. Dans les procès par écrit,
le rapporteur avait trois jours pour mettre au
greffe le *dictum* de la sentence (2). Cependant, et cela ne serait pas croyable aujour-
d'hui si les lettres de M. d'Aguesseau n'en
fournissaient la preuve, il était d'usage, au
parlement de Bordeaux, de laisser la minute
des arrêts entre les mains du rapporteur, jusqu'à ce que l'une des parties vînt acheter la

(1) Ord. de 1453, art. 17. On appelait *dictum*
le dispositif des sentences et arrêts, parce qu'il était
précédé de ces mots : *dit a été.*

(2) Tit. 26, art. 5, et tit. 11, art. 15.

Art. communication de ce qui avait été jugé, en consignant une somme pour les épices, et une autre pour les frais d'expédition de l'arrêt, quoiqu'elle n'eût pas toujours intérêt de le lever et de le faire signifier (1).

Les nouvelles dispositions, sur ce point, se trouvent dans le Code de procédure, et dans le règlement du 30 mars 1808.

« Le greffier portera sur la feuille d'audience du jour les minutes de chaque jugement (2), aussitôt qu'il sera rendu; il fera mention en marge des noms des juges et de l'officier du ministère public qui y auront assisté.

» Celui qui aura présidé vérifiera cette feuille à l'issue de l'audience, ou dans les vingt-quatre heures, et signera, ainsi que le greffier, chaque minute de jugement, et les mentions faites en marge (3).

» Si, par l'effet d'un accident extraordi-

(1) Matières civiles, lettre dernière.

(2) Ces feuilles d'audience sont toutes de papier d'une même dimension; elles sont réunies, par années, en forme de registre.

(3) Décret du 30 mars 1808, art. 36. C'est une nouvelle rédaction de l'article 138 du Code de procédure.

ART.

naire, le président se trouvait dans l'impossibilité de signer la feuille d'audience, elle
devra l'être dans les vingt-quatre heures suivantes, par le plus ancien des juges ayant
assisté à l'audience. Dans le cas où l'impossibilité de signer serait de la part du greffier, il
suffira que le président en fasse mention en
signant (1).

» Les procureurs du roi et les procureurs
généraux se feront représenter, tous les
mois, les minutes des jugemens, et vérifieront
s'il a été satisfait aux dispositions ci-dessus.
En cas de contravention, ils en dresseront
procès-verbal, pour être procédé ainsi qu'il
appartiendra (2).

» Si les feuilles d'une ou plusieurs audiences
n'avaient pas été signées dans les délais, et
ainsi qu'il est réglé par les articles 36 et 37,
il en sera référé par le procureur du roi à la
Cour royale, devant la chambre que tient le
premier président. Cette chambre pourra,
suivant les circonstances, et sur les conclusions du procureur général, autoriser un

(1) *Ibid.* article 37.
(2) Code de procédure, art. 140.

Aʀᴛ. des juges qui ont concouru à ces jugemens à les signer (1). »

La rédaction des jugemens se divise en deux parts :

L'une contient les noms, professions et demeures des parties, les noms de leurs avoués, les conclusions respectives, et l'exposition sommaire des points de fait et de droit. C'est l'ouvrage des avoués, c'est ce qu'on appelle *les qualités du jugement*.

L'autre contient les noms des juges, celui du procureur du roi, les motifs et le dispositif. C'est l'ouvrage du juge, c'est ce qui doit être porté de suite sur la feuille d'audience, et déposé au greffe.

Voici maintenant comme on procède pour avoir le jugement tout entier :

Celui qui a obtenu gain de cause est ordinairement le plus pressé de lever l'expédition ; le droit de dresser les *qualités* appartient donc à son avoué.

Toutefois, si le jugement prononce des condamnations en faveur de l'un et de l'autre des plaideurs, chacun d'eux a intérêt

(1) Décret du 30 mars 1808, art. 38 et 74.

de se procurer le moyen de le faire exécuter. ART.
Alors les *qualités* sont rédigées par l'avoué
le plus diligent, sauf l'opposition dont je parlerai bientôt.

Mais si, en définitive, celui qui a gagné
son procès ne s'occupe point des *qualités*, il
peut arriver que l'autre, qui a succombé,
veuille avoir le jugement, pour aviser aux
voies de recours que lui ouvre la loi. Dans ce
cas, l'avoué de ce dernier fait sommation à
son adversaire de se mettre en devoir de lever
le jugement dans trois jours. Si la sommation
reste sans effet, il fait lui-même les *qualités* (1).

Quel que soit le rédacteur, on peut supposer qu'il donnera à sa cause le tour le plus
favorable, dans l'arrangement des faits, ou
dans la manière de poser les questions, et
qu'il tâchera de masquer de son mieux les
points faibles par lesquels le jugement pourrait être attaqué, soit en appel, soit en cassation. Il n'est pas inouï que des conclusions
aient été tronquées ou changées; qu'on y ait
fait parler comme héritier pur et simple, celui
qui n'avait plaidé que comme héritier bénéfi-

(1) Décret du 16 février 1807, art. 7 et 8.

Art. ciaire, ou qu'on ait attribué à une partie un domicile qu'elle n'eut jamais. Il est donc indispensable que les *qualités* puissent être critiquées et rectifiées, s'il y a lieu.

Le moyen d'y parvenir se trouve dans les dispositions suivantes : L'avoué qui a dressé les qualités est tenu de les faire signifier à l'avoué de l'autre partie, par l'un des huissiers audienciers (1). L'original de la signification reste pendant vingt-quatre heures entre les mains de l'huissier; ce temps est donné à l'avoué qui l'a reçue, pour qu'il ait le loisir de l'examiner et de déclarer son opposition.

S'il y a opposition, l'huissier la mentionne sur l'original de la signification qu'il a faite. L'un des avoués somme l'autre, par un simple *à venir*, de comparaître devant le président, et, en cas d'empêchement, devant le plus ancien des juges qui assistaient à l'audience, suivant l'ordre du tableau. C'est dans le cabinet du juge ou à la chambre du conseil que les avoués se rendent; ils s'expliquent, et le magistrat qui les a entendus *règle* les

_____

(1) Voyez l'Introduction, chap. 19, p. 572, et ci-dessus chapitre 3, page 260.

ART.

qualités, c'est-à-dire qu'il les maintient, ou qu'il les rectifie, ou qu'il donne la préférence à l'une des rédactions, si chacun des avoués s'est cru en droit de faire la sienne.

Cette ordonnance du juge doit être mise sur la feuille où les *qualités* sont écrites; elle s'exprime par ces mots : *Bon à expédier*, ou *les présentes qualités tiendront;* ou bien encore par ceux-ci : *ne pas expédier sur les présentes qualités;* ou par toute autre formule équivalente (1).

Lorsque les *qualités* sont réglées, ou lorsqu'il n'y a pas eu d'opposition dans les vingt-quatre heures de leur signification, l'avoué qui les a rédigées remet l'original au greffe, et le greffier, en les réunissant aux énonciations, aux motifs et au dispositif qui se trouvent sur la feuille d'audience, forme le corps entier du jugement, dont il peut alors délivrer expédition.

Il n'est pas besoin de signifier les *qualités* d'un jugement rendu contre une partie qui

_____

(1) Décision du 21 mai 1811, prise de concert entre les ministres de la justice et des finances. Voy. le recueil général de Sirey, t. 14, 2ᵉ partie, p. 176.

ART. n'a pas comparu, ou qui n'a pas voulu se défendre. Elle aurait mauvaise grâce, après avoir déserté l'audience, à venir disputer, devant le président, sur le résumé des faits, ou sur la position des questions.

Les justices de paix et les tribunaux de commerce n'ont point d'avoués; par conséquent, on n'y signifie point les *qualités* des jugemens. Le greffier prend dans les pièces les noms, professions et demeures des parties, leurs conclusions, les points de fait et de droit, et il porte le tout, avec les motifs et le dispositif, sur la feuille d'audience.

Il y a une lacune dans le Code; la cause vient d'être jugée; l'avoué auquel la signification des qualités devait être faite, se démet de sa charge, ou décède. Quelle marche faudra-t-il prendre pour obtenir l'expédition du jugement?

M. Pigeau avait prévu cette difficulté. « Il faut distinguer, disait-il :

» 1° Si la partie demeure dans le lieu où siége le tribunal, on lui signifie les *qualités* par un exploit ordinaire, par le ministère d'un huissier audiencier, et l'exploit reste vingt-quatre heures entre les mains de cet huissier:

» 2° Si la partie demeure hors de ce lieu, Art.
la signification se fait également par un exploit ordinaire, mais par le ministère d'un
huissier ayant droit d'exploiter dans le lieu
où se fait la signification. La partie qui veut
s'opposer doit le faire dans les vingt-quatre
heures, en y joignant les délais à raison de la
distance, par un avoué qu'elle constitue :
comme l'exploit n'est pas remis au bureau des
huissiers audienciers du tribunal, l'opposition
n'est pas faite entre leurs mains, mais par
acte d'avoué ; si elle ne l'est pas, les délais
étant expirés, on remet cette signification au
greffier, avec un certificat constatant que
la partie n'a ni constitué avoué, ni formé
opposition (1). »

Le système de M. Pigeau est embarrassé,
il ne satisfait point. Signifiez des *qualités* à un
malheureux habitant de la campagne, qui
vient de perdre à la fois son procès et son
avoué ; saura-t-il ce que c'est que ce commencement de jugement sans motifs et sans
dispositif? verra-t-il ce qu'on lui demande
et ce qu'il faut faire? devinera-t-il qu'il doit
constituer un autre avoué, pour que son op-

(1) Comment. t. 1. p. 331, 332 et 333.

Art. position puisse être formée? S'il ne le devine pas, ou s'il n'a pas le temps de s'aviser, dans le bref délai de la loi, les *qualités* fausses ou incomplètes, préparées par un adversaire cauteleux, passeront sans contradiction.

Un jeune avocat du barreau de Cahors, M. Perié-Nicole, m'a fait l'honneur de me soumettre son avis sur cette question; je ne puis mieux faire que de l'adopter. Il voudrait que les *qualités*, l'avoué étant décédé, fussent signifiées à la personne ou au domicile de la partie, avec déclaration du décès, et sommation de constituer un nouvel avoué, dans les délais ordinaires de l'ajournement. Le nouvel avoué prendrait connaissance de la procédure et du jugement; puis, dans le cas où il y aurait lieu, il notifierait sa constitution par un simple acte, il formerait son opposition dans les vingt-quatre heures suivantes, et il irait la soutenir devant le président.

Que si la partie ainsi prévenue gardait le silence et ne constituait point d'avoué, elle serait réputée avoir approuvé la rédaction des *qualités*.

Cette marche est franche, et toute entière dans l'esprit de la loi. Elle se recommande

d'ailleurs par des analogies qu'il sera facile ART.
d'apercevoir dans la suite de mes explications.

Quel que soit le sort de l'opposition aux
qualités, elle conserve tous les droits de celui
au nom duquel elle a été faite, contre les
énonciations du jugement.

De même, le défaut d'opposition peut faire
regarder comme constans et reconnus les
faits insérés dans les *qualités* (1).

Des faits ou des aveux qui ne seraient men-
tionnés que dans les motifs du jugement,
auraient-ils, en appel, ce crédit légal que
l'on accorde à ceux consignés dans les *qualités*, lorsqu'elles n'ont pas été frappées d'opposition? Je ne le pense pas. La signification
des *qualités* est une sorte de sommation d'a-
vouer ou de contester ce qui s'y trouve; après
cette mise en demeure, il est permis de considérer le défaut d'opposition comme un
hommage tacite rendu à la fidélité de la rédaction. Mais les erreurs qui se sont glissées

(1) Voyez les arrêts cités au Journal des Avoués,
t. 18, page 598.

Art. dans les motifs d'un jugement, n'ont pu être ni relevées ni discutées; il n'est pas inimaginable que le tribunal ait mal saisi la portée de quelques mots, au milieu des débats, et qu'il les ait pris trop légèrement pour la reconnaissance d'un fait capital. S'il y a appel, pourquoi serait-il défendu de prouver que les prétendus aveux, sur lesquels les premiers juges ont motivé leur décision, sont formellement contraires à la vérité, et à tout ce qui avait été dit et soutenu dans le cours de la procédure ?

En résultat, ces *qualités* qu'il faut signifier, discuter, rectifier, après le jugement du procès, présentent beaucoup d'inconvéniens. Une exposition infidèle des faits; des explications transformées en aveux, en offres, en reconnaissances ; des fins de non-recevoir préparées pour conjurer l'imminence d'un appel ou d'un pourvoi ; tout cela devient irrémédiable par l'insouciance, par la préoccupation d'un avoué, ou par mille accidens qui peuvent l'empêcher de former son opposition dans les vingt-quatre heures. Les Cours d'Aix, de Bordeaux, de Colmar, de Dijon, de Grenoble, de Nancy, de Nîmes, d'Orléans, de Rennes, s'inscrivirent contre ce système, lorsqu'elles furent consultées sur le projet du Art. Code.

Les *qualités* ne sont ordinairement rédigées qu'au moment où l'on veut avoir l'expédition du jugement; un long intervalle a pu s'écou-ler depuis qu'il a été prononcé; les avoués qui postulaient, les juges qui siégeaient, n'exercent peut-être plus leurs fonctions, ou, s'ils sont encore là, c'est une ample matière à dispute, que l'expression et le sens de ce qui fut proféré à l'audience quelques mois auparavant.

Les questions de fait et de droit sont posées dans les *qualités*, après que le jugement a été rendu; c'est un renversement de l'ordre naturel des idées, c'est une déloyale facilité pour couvrir la faiblesse des motifs et le vice du dispositif, en accommodant les questions à ce qui a été bien ou mal considéré ou jugé.

Les dispositions du Code, sur ce point, sont, comme l'a dit M. Bellot, tantôt inutiles, tan-tôt dangereuses, souvent inexécutables, et tou-jours onéreuses (1).

On les a répudiées à Genève. On ferait bien

(1) Exposé, etc., page 79.

ART. chez nous de revenir à la simplicité de la loi
du 24 août 1790. L'entière rédaction des jugemens serait l'ouvrage du juge ; il trouverait
dans les pièces du procès, les noms, professions et demeures des parties ; les noms de
leurs avoués, et les conclusions respectivement déposées (1); il établirait les points de
fait et de droit ; puis viendraient les motifs
et le dispositif.

Quant aux reconnaissances, aux offres, aux
aveux qui peuvent s'échapper de la discussion
orale, le meilleur moyen de les fixer dans la
cause, et de couper court aux démêlés des
oppositions, des interprétations, ou des ré-
tractations, c'est d'en demander *acte* au tribunal, dans l'instant même où les mots réson-

(1) « Dans toutes les causes, les avoués, avant
d'être admis à requérir défaut, ou à plaider contra-
dictoirement, remettront au greffier de service, à
l'audience, leurs conclusions motivées et signées
d'eux, avec le numéro du rôle d'audience.

» Lorsque les avoués changeront les conclusions
par eux déposées, ou qu'ils prendront sur le barreau
des conclusions nouvelles, ils seront tenus d'en remettre également les copies signées d'eux au greffier,
qui les portera sur les feuilles d'audience. » Art. 33
du décret du 30 mars 1808. Voyez aussi les art. 70
et suivans du même décret.

nent encore, où l'impression est toute vive. **Art.**
Cet incident ne se règle point, comme les
qualités, dans une conférence tardive à l'hô-
tel du président; c'est à l'audience, en face du
public, que s'agite et que se juge la question de savoir si telle déclaration a réellement
été faite, et s'il y a lieu d'en *donner acte*. Le
public est un terrible témoin. J'ai vu tout
un auditoire se soulever contre la mauvaise
foi d'une partie qui, se repliant sur elle-
même, essayait de nier qu'elle eût dit ce
qu'elle venait de dire.

Les jugemens et les arrêts étaient motivés
autrefois (1). Mais lorsque les parlemens se

(1) Voy. mon Introduction p. 127 et suiv. M. Hen-
rion de Pensey, *de l'autorité judiciaire en France*,
t. 1, page 245, a donné la traduction d'un arrêt
rendu en 1327, avec l'énonciation des points de fait
et de droit, ses motifs et son dispositif. J'ai cru qu'il
serait encore plus curieux d'en connaître le texte; le
voici, tel qu'on le trouve dans le tome 3 des œuvres
de Dumoulin, page 2148.
*Cum executores Thomæ, civis parisiensis, in
curia nostra proponerent quod bonæ ipsius Thomæ
ad requestam nostri procuratoris jam diù essent
capta, et ad manum nostram posita fuerunt, et*

Art. firent les émules de la puissance législative, et vinrent à s'arroger le droit de réglementer, ils affectèrent, même dans les arrêts privés, de parler le langage des lois, et de laisser tomber les oracles de leur justice, sans dai-

detinebantur; propter quod ordinatio ipsius testatoris adimpleri per eos non poterat, licet ipse de bonis suis omnibus in sua ultima voluntate sufficienter ordinasset, petebant executores prædicti bona prædicta eis tradi et ad plenum liberari, admota manu nostra prædicta, ut liberi adimplere possent ipsius testatoris voluntatem.

Nostro procuratore ex adverso proponente, ac dicente, quod bona prædicta dictis executoribus tradi et liberare non debebant, pro eo quod dictus Thomas erat bastardus, et quod ipse decesserat sine liberis de corpore suo susceptis. Propter quod ipsius bona, quia bastardus fuerat, secundum patriæ consuetudinem notoriam, ad nos jure nostro regio pertinebant, ut asserebat procurator prædictus, dicens et proponens quod idem defunctus de bonis suis non potuit, nec poterat ordinare.

Dictis executoribus replicantibus ex adverso, quod licet prædictus Thomas fuisset bastardus, et absque prole legitima decessisset, ipse tamen testamentum suum sufficienter condiderat, in quo, et aliàs in vita sua, de bonis suis ordinaverat universis : et quod hoc potuit facere, et poterat,

gner rendre compte des raisons qui les avaient Art.
déterminés. *Velut emissa divinitùs vox sit,
jubeat, non disputet* (1).

Depuis 1790, tous les jugemens, en toutes

*tam de jure, quam secundum patriæ consuetudi-
nem , ut dicebant executores prædicti.*

*Auditis igitur dictis partibus, viso etiam testa-
mento et ordinatione ipsius Thomæ prædicti :*

*Quia curiæ nostræ non constitit de more et con-
suetudine pro jure regis allegata :*

*Et etiam curia nostra extitit sufficienter infor-
mata , quod idem defunctus de bonis suis ordinaverat , tam in vita sua, quam etiam in suo testamento : et quod secundum patriæ consuetudinem,
sibi licebat ordinare de bonis suis , pro libito vo-
luntatis , ac facere testamentum.*

*Propter quod, per arrestum curiæ dictum fuit,
quod bona omnia ipsius testatoris quæ ad requestam procuratoris nostri , ad manum nostram,
propter causam supra dictam, posita fuerunt,
dictis executoribus deliberabuntur, et tradentur,
amotâ manu nostrâ ibidem apposita ex causa
prædicta.*

*Datum die 16 aprilis, in parlamento incepto
in crastino festi beati Martini hyemalis , anno
domini millesimo trecentesimo vicesimo septimo :
sic signatum* Brunat.

(1) Senec. epist. 94.

Art. matières, ont dû porter avec eux leurs motifs. Une ordonnance royale du 12 décembre 1818 a décidé que : « les arrêtés des conseils de préfecture ayant le même caractère et les mêmes effets que les jugemens des tribunaux, il était d'ordre public que ces arrêts fussent motivés, et que l'absence des motifs fût un moyen de nullité. »

Les motifs doivent se rapporter à chacun des points de fait et de droit qui constituent le litige. Ce n'est pas l'omission de motifs quelconques que la loi frappe de nullité, c'est l'omission *des motifs des jugemens*, c'est-à-dire, de ce qui détermine chacune des dispositions dont ils se composent; car un jugement se divise en autant de jugemens qu'il contient de dispositions : *tot capita, tot sententiæ* (1).

Cependant une disposition peut être implicitement motivée par les motifs d'une autre disposition, dont elle n'est que l'accessoire ou le corollaire. Par exemple, la partie qui perd son procès doit être condamnée aux dépens, et celle

___

(1) Voyez le répert. de M. Merlin, v. *Motifs des jugemens.*

qui succombe dans son appel doit être condamnée à l'amende ; il est évident que ces
condamnations n'ont pas besoin d'être motivées en termes exprès, si les chefs principaux
dont elles sont une conséquence nécessaire
et non contestée, ont été établis avec une
suffisante expression de motifs.

Je ne connais qu'une exception à la règle
qui prescrit à tous les juges de motiver leurs
décisions ; cette exception est écrite dans l'article 356 du Code civil, au titre de *l'Adoption* :
« Le tribunal prononce, sans énoncer de motifs, en ces termes : *il y a lieu* ou *il n'y a pas
lieu à l'adoption*. » C'est que le ministère des
juges, en ce cas, ne se borne point à la simple vérification des formalités et des conditions exigées par la loi ; ils ont aussi à examiner la moralité et la réputation de l'adoptant.
Or la procédure doit être secrète, et les jugemens ne doivent point énoncer leurs motifs,
parce qu'il serait inutile de flétrir, par une
fâcheuse publicité, l'homme imprudent dont
la demande est rejetée, à cause de ses mau-
vaises mœurs.

Il est à peu près impossible de déterminer
ce que l'on entend par *des motifs suffisans* ;
il faudrait citer tous les exemples que con-

Aʀᴛ. tiennent les recueils d'arrêts (1). Mais voici
les règles générales auxquelles il convient de
s'attacher.

Un jugement qui contient des motifs erronés n'est pas *nul*, car il ne manque point
de motifs : toutefois il ne s'ensuit pas qu'il
soit permis de jeter des motifs au hasard;
bons ou mauvais, ils doivent présenter une
raison appropriée à la difficulté du procès.

Supposez que sur une question ainsi
établie : *Le traité est-il régulier?* les juges
répondent : *Attendu que le traité est régulier, le tribunal ordonne qu'il sera exécuté;*
cette pétition de principe, suivant le langage
didactique, n'offrirait qu'une formule insi-
gnifiante, qui peut s'adapter à toutes les causes et à toutes les questions.

Rejeter une exception, *attendu qu'elle n'est
pas fondée,* ne vaudrait pas davantage. Il n'y aurait pas là de motifs; l'expression *rejeter* impli-
que, par elle-même, l'idée que la prétention
qu'on rejette est dénuée de fondement. Dire
qu'elle est rejetée parce qu'elle n'est pas fon-

---

(1) Le Journal des Avoués donne un tableau assez
complet de la jurisprudence sur ce point. Tome 15,
pages 148 et suivantes.

dée, ce n'est rien dire, sinon qu'on la rejette **Art.**
parce qu'on la rejette. C'est comme si, mettant à l'écart toute espèce de motifs, le tribunal se contentait, dans le dispositif de son jugement, de déclarer l'exception non recevable ou mal fondée.

Confirmer un jugement en appel, c'est reconnaître qu'il a bien jugé : un arrêt ne serait donc pas motivé, s'il se bornait à considérer *qu'il a été bien jugé ;* ce qui se réduirait à ces termes : *la Cour confirme, parce qu'elle trouve qu'il y a lieu de confirmer* (1).

Cependant on s'accorde à regarder comme suffisamment motivé un arrêt qui confirme, *en adoptant les motifs des premiers juges.* On justifie cette tolérance, en disant que l'arrêt s'identifie, par relation, avec le jugement attaqué; que ce jugement est un acte authentique commun aux deux parties, et que le but de la loi se trouve rempli, puisque l'appelant qui succombe ne peut ignorer les motifs de sa condamnation.

Toute contravention aux règles établies

(1) Voyez le Répert. de M. Merlin, v° *Motifs des jugemens.*

Art. par la loi du 24 août 1790, touchant la rédaction des jugemens, emportait nullité, parce que tous les décrets rendus en matière civile, depuis 1789, devaient être observés à peine de nullité, lors même que cette peine n'y était pas exprimée (1).

Le Code de procédure a dit le contraire : « Aucun exploit ou acte de procédure ne peut être déclaré nul, si la nullité n'en est pas formellement prononcée par la loi. »

Or, la peine de nullité n'étant point attachée à l'inobservation de l'article 141, des auteurs ont pensé, et des Cours ont décidé que les indications qu'il contient pouvaient n'être pas suivies, et qu'il y avait liberté plénière pour la structure des jugemens.

C'était, à mon avis, une fort mauvaise conclusion, car un jugement n'est ni un exploit, ni un *acte* de procédure.

L'article 7 de la loi du 20 avril 1810 est venu transitoirement résoudre une partie de la difficulté, et répandre sur l'autre un nuage plus épais :

« La justice est souverainement rendue par les Cours royales ; leurs arrêts, quand ils sont

_____

(1) Loi du 4 germinal an 2, art. 2.

revêtus des formes prescrites à peine de nul- Art.
lité, ne peuvent être cassés que pour une
contravention expresse à la loi.

» Les arrêts qui ne sont pas rendus par le
nombre de juges prescrit, ou qui ont été rendus par des juges qui n'ont pas assisté à toutes
les audiences de la cause, ou qui n'ont pas
été rendus publiquement, ou qui ne contiennent pas les motifs, sont déclarés nuls.

» La connaissance du fond est toujours
renvoyée à une autre Cour royale. »

De là cette nouvelle argumentation : la
nullité n'est déclarée que dans quatre cas
seulement : 1° le défaut de publicité, 2° le
défaut de motifs, 3° le défaut de nombre de
juges prescrit, 4° le concours des juges qui
n'auraient pas assisté à toutes les audiences
de la cause; par conséquent, les autres énonciations que l'article 141 fait entrer dans la
composition d'un jugement, peuvent impunément ne pas s'y trouver (1).

Je crois que c'est encore une erreur.

L'article 7 de la loi du 20 avril 1810 n'a

(1) M. Merlin, *répert.*, *tome* 6, *v° Jugement*,
§ 2, n° 1, *in fine*. M. Toullier, t. 10, n° 136 et 137.

ART. fait que reprendre quelques principes préexis-
tans, pour les placer au frontispice de la nouvelle institution, dans laquelle les magistrats
de la justice civile et de la justice criminelle,
jusqu'alors séparés, ont été réunis (1).

C'est ainsi qu'on y a dit que les Cours jugeraient souverainement, quoiqu'elles eussent
depuis long-temps l'attribution du dernier
ressort.

C'est ainsi qu'on y a rappelé cette ancienne disposition de l'article 3 de la loi du
1ᵉʳ décembre 1790, qui veut qu'après la
cassation d'un arrêt, la connaissance du fond
soit toujours renvoyée à une autre Cour.

C'est ainsi qu'on y a répété les termes de
l'article 16 de la loi du 27 ventôse an 8, portant que les jugemens des tribunaux de première instance ne peuvent être rendus par
moins de trois juges.

C'en est assez pour démontrer que le législateur de 1810 n'a point entendu créer de
nouveaux cas de nullité, et qu'il n'a eu d'autre intention que celle de rendre à de hautes

(1) La loi du 20 avril 1810 porte pour titre : *Loi
sur l'organisation judiciaire et l'administration
de la justice.*

maximes d'ordre public cet hommage obligé ᴀʀᴛ.
qui s'est reproduit successivemeut dans tous
les systèmes d'organisation judiciaire.

Je vais aborder la question de plus près.

Remarquez bien que les exigences de la loi
du 20 avril, en ce qui concerne la rédaction
des jugemens, se réduisent à l'insertion des
motifs, à la mention du *prononcé* en audience
publique, et à la désignation des noms des
juges, afin que l'on sache s'ils étaient en
nombre compétent, et si tous ont assisté
aux débats de la cause.

Supposez que ces formalités soient les seules dont on ait voulu prescrire le strict accomplissement, sous peine de nullité, et que
le surplus des dispositions de l'article 141 du
Code en demeure affranchi.

Rappelez-vous aussi que ce surplus se compose des noms des parties et de leurs avoués,
des conclusions respectives, de l'exposition
sommaire des points de fait et de droit, et du
dispositif.

Maintenant jetez un coup d'œil sur les
conséquences; c'est l'épreuve la plus sûre
qu'on puisse faire subir à une proposition.

Concevrez-vous un jugement dans lequel

ART. vous ne verrez ni contre qui, ni au profit de qui il a été rendu?

Connaîtrez-vous si les parties ont été légalement représentées ou défendues, lorsque le jugement sera muet sur le nom des avoués?

Saurez-vous si le jugement a fait droit sur tous les *chefs* de la demande et sur toutes les exceptions de la défense, s'il est en premier ou en dernier ressort, quand vous n'y trouverez pas les conclusions du demandeur et les conclusions du défendeur?

Direz-vous à quoi se rapportent les motifs d'un jugement dans lequel les questions à juger ne sont pas posées?

Enfin y a-t-il un jugement, lorsqu'il n'y a pas de dispositif?

Vous le voyez : la rédaction serait moins qu'une simple ébauche, en ne s'attachant qu'aux énonciations prescrites par la loi du 20 avril 1810, car tout ce qu'il y a de plus fondamental y manquerait.

Il importe donc fort peu que la peine de nullité n'ait pas été écrite dans l'article 141 du Code. Elle est toujours sous-entendue, pour les cas où il s'agit de l'observation de ces formalités substantielles, en dehors desquelles l'idée d'un acte ne peut exister. Le silence de la

loi ne couvre point les nullités de *non esse*. Art.
Par exemple, est-il besoin qu'elle parle, pour
enseigner qu'il n'y a pas de jugement là où
il n'y a rien de jugé, là où il n'y a pas de
juges?

La règle est la même à l'égard des dispositions qui concernent l'ordre public. Ce qui a
pour objet direct et principal l'intérêt de la
société tout entière, ne peut être abandonné au caprice ou à l'insouciance des
particuliers (1).

Toutefois, il y a cette différence entre les
conditions constitutives d'un *acte*, et les formes accidentelles dérivant de l'ordre public,
que l'on peut, abstraction faite de celles-ci,
concevoir néanmoins *l'être* de l'acte. Ainsi
vous comprenez l'existence d'un jugement
dénué de motifs, rendu à huis clos, par un
ou par plusieurs juges; car tels on les faisait
presque tous, dans l'ancien ordre de choses.
Mais vainement vous en chercheriez l'ombre
s'il n'apparaît pas que des questions y ont été
agitées, que des parties y étaient intéressées,
et qu'une décision est venue les résoudre.

(1) Code civ., art. 6.

ART.   Chose etrange : l'article 7 de la loi de
1810, avec sa peine de nullité, n'est, au
vrai, qu'une sorte de rappel à des formes se-
condaires, et l'on voudrait que les dispositions de l'art. 141 du Code, qui donnent au
jugement sa substance la plus pure, fussent
moins irritantes!

Le Roi ne juge pas; la justice est adminis-
trée, en son nom, par des hommes qui tiennent de lui le caractère de juge, et de la loi
le privilége de l'inamovibilité.

Quand un jugement est rendu, le Roi
mande à ses délégués de le faire mettre à
exécution, et à tous les dépositaires de la force
publique d'y prêter main-forte, en cas de
besoin.

Ce mandement, qui termine l'expédition
d'un jugement ou d'un arrêt, est un des
principaux attributs de la souveraineté; c'est
ce qu'on appelle *la formule exécutoire*. Telle
on la voit dans la promulgation des lois.

Les officiers de justice et les agens de la
force publique ne doivent obéir qu'au nom
du prince. Il suit de là qu'un jugement rendu
en pays étranger n'est point exécutoire chez
nous, parce que toute autorité expire sur les

limites de son territoire. Il faut que le juge- Art.
ment étranger soit révisé et approuvé par nos
tribunaux ; il faut qu'il devienne en tout un
jugement français, et qu'il porte le mandement du Roi, pour qu'on puisse l'exécuter en
France (1).

Autrefois, les souvenirs de l'indépendanee
féodale, les capitulations des provinces con-
quises, et les rivalités de pouvoir, avaient
tracé autour de chacune des juridictions une
espèce de ligne d'extranéité. Les sentences
rendues par la justice basse ou moyenne d'un
fief étaient intitulées du nom du seigneur.
Dans les sénéchaussées, dans les bailliages,
c'était le nom du sénéchal ou du bailli, qui
figurait, en signe de commandement, *sur la
peau des expéditions* (2). Avant la déclaration donnée à Saint-Maur-les-Fossés, par
Henri III, en juin 1580, quelques parlemens
mettaient *au front de leurs arrêts* le nom du
gouverneur du pays; d'autres y portaient le
nom du Roi. A Grenoble, on ajoutait aux

(1) Art. 2122 et 2128 du Code civil.
(2) *Peau* pour parchemin. Une déclaration du
mois de février 1691 avait créé des *commis-écrivains*
à la peau.

Art. titres du monarque celui de *dauphin de Vien-nois*, et à Aix celui de *comte de Provence*. De cette diversité de souverainetés judiciaires, qui s'élevaient sur le même sol, était née la maxime que la sentence d'un juge ne pouvait être exécutée dans le *détroit* d'un autre juge, sans un *pareatis* de ce dernier (1). Le mot latin *pareatis* (obéissez) est un de ceux que l'usage avait protégés contre les rigueurs de l'ordonnance de Villers - Cotterets, et qui avaient fini par se mêler au *langage maternel français* (2).

Aujourd'hui les jugemens rendus en France sont exécutoires dans tout le royaume, sans *visa* ni *pareatis* (3).

Le greffier qui délivrerait expédition d'un

___

(1) Il y avait plusieurs es pèces de *pareatis*. Voyez l'ordonnance de 1667, tit. 27, art. 6. Les jugemens consulaires étaient exécutoires par tout le royaume, sans *pareatis*.

(2) Voyez mon Introd. chap. 7, p. 126.

(3) On trouvera les développemens et l'examen des questions y relatives, au chapitre *des règles géné-rales sur l'exécution forcée des jugemens et des actes*.

jugement avant que la minute eût été signée Art. par le président, s'exposerait à être poursuivi comme faussaire; car ce serait donner une fausse apparence d'autorité à ce qui n'a point encore d'existence légale, et les dangers d'une pareille usurpation seraient incalculables.

Il est de l'essence de tous mandemens de justice, que l'exécution s'ensuive, s'il n'y a pas obstacle de droit.

Les voies ordinaires de recours contre les jugemens sont des obstacles de droit, sauf les cas d'exception qui seront indiqués plus loin.

Mais il faut toujours que le jugement soit signifié, avant que son exécution puisse être provoquée. On le sait déjà : *paria sunt non esse et non significari.* Les paroles du juge ne se comprennent pas toujours à l'audience; il est permis d'en prétendre cause d'ignorance, jusqu'à ce que le poursuivant ait mis légalement sous les yeux de la partie condamnée la teneur exacte de ce qui a été dit, considéré, et jugé.

Ce n'est pas encore assez de garanties contre le danger des surprises. La plupart des

Art. plaideurs sont peu versés dans la science des choses qui tiennent à la procédure. La signification d'un jugement leur arrive : Quelle est la nature de ce jugement? Faut-il obéir? Faut-il se pourvoir? Est-ce la forme, est-ce le fond qu'il convient d'attaquer? Quels délais seront observés ? Quelles réserves seront faites? L'avoué seul peut répondre à toutes ces questions, et tracer un plan de conduite. Ce n'est donc pas à la partie, mais à son avoué, que le jugement doit être d'abord signifié (1). Vient ensuite la signification au client lui-même, laquelle contient mention de la première. Alors il a dû recevoir les instructions qui lui étaient nécessaires pour la conservation de ses droits, et ce n'est pas la faute de la loi s'il arrive qu'ils soient compromis.

L'intervertissement de cet ordre rendrait sans effet la signification du jugement; toutes les poursuites et toutes les contraintes qui s'ensuivraient, pour parvenir à l'exécution, seraient frappées de nullité.

Cependant M. Favard de Langlade et

- (1) Par acte d'avoué à avoué.

M. Carré restreignent l'application de la nul- Art.
lité aux actes d'exécution, et ils pensent, d'après
un arrêt de la Cour de Liége (1), que la signification du jugement laissée au domicile de la
partie, sans avoir préalablement été faite à
l'avoué, n'en produirait pas moins l'effet de
donner cours aux délais de l'appel.

L'arrêt de Liége a considéré « que l'art. 147
du Code de procédure ne concernait que
l'exécution des jugemens, et n'avait pas de
rapport au cours des délais. » Il n'y a rien de
démontré dans ce motif. Les auteurs que j'ai
cités ont voulu y suppléer en disant : « Si
l'article 147 exige que la signification du jugement soit faite d'avoué à avoué, et qu'il en
soit fait mention dans celle adressée à la
partie, c'est bien moins dans l'intention que
celle-ci reçoive les conseils de son avoué, sur
le parti qu'elle aurait à prendre relativement
à l'appel, qu'afin de mettre l'avoué à portée
de faire les actes que la loi exige de son ministère, en l'obligeant, par l'article 1038, à

____

(1) Voyez le Journal des Avoués, t. 5, p. 206. La
Cour de Bruxelles et celle d'Agen ont adopté le
même système.

Art. occuper sur l'exécution des jugemens défi-
nitifs, lorsqu'elle a lieu dans l'année (1). »

J'ai quelque peine à croire que l'intention
de la loi soit telle qu'elle est ici supposée. La
disposition de notre article 147 est évidemment prise de l'article 2, titre 27, de l'ordonnance de 1667 : « Les arrêts ou sentences ne
pourront être signifiés à la partie, s'ils n'ont
été préalablement signifiés à son procureur. »
Sur quoi Rodier donnait l'explication suivante: « La signification préalable au procureur
a paru nécessaire, et l'est en effet, pour prévenir toute surprise. Le procureur qui a
occupé dans le procès, doit savoir si le jugement a été bien poursuivi, si l'expédition est
conforme et dans l'ordre, *si la partie a quelque chose à faire*, et il doit lui en donner
avis. » C'est le même esprit qui a consacré le
même principe dans la rédaction du Code. Je
le répète : un plaideur abandonné à lui-
même est rarement capable d'aviser au parti
qu'il lui faut prendre. Sait-il s'il y a lieu de
se pourvoir contre le jugement qu'on lui signifie? Sait-il quelle voie de recours il devra

_____

(1) Lois de la procéd. t. 2, p. 116.

employer, et quels delais lui sont donnés pour Art.
se décider? Tout cela se rattache directement
à l'exécution du jugement. Si l'avoué n'a reçu
aucune signification préalable, le client at-
tendra des avis qu'il ne recevra point, les
délais s'écouleront, et toutes les voies de recours se fermeront. C'est donc à dire qu'il
serait permis de profiter de l'ignorance d'un
pauvre plaideur, de le forclore complètement, en laissant dans une fausse sécurité le
guide qui doit l'éclairer, et que, ce dessein
accompli, il suffirait d'avertir l'avoué, au
moment de passer à une exécution devenue
inévitable, et contre laquelle les conseils
seraient désormais devenus inutiles.

A quoi bon faire revenir ici l'adage : *igno-*
rantia ejus quod quisque tenetur scire neminem
excusat ? On n'est pas tenu de savoir les règles
et les délais de la procédure, puisque la loi
elle-même met sous la conduite d'un avoué
toute personne qui veut s'engager dans les
détours du palais.

Quant à cette opinion : que le but principal de la signification préalable du jugement
à l'avoué, est de mettre ce dernier à portée
de satisfaire aux dispositions de l'article 1038,
elle me paraît amenée de trop loin, et je ne

Aʀᴛ. vois aucune liaison directe entre cet article
et l'article 147.

L'article 1038 s'applique au cas où l'exécution d'un jugement définitif exige encore,
pour qu'elle puisse être conduite à son terme,
quelques procédures à faire. Par exemple :
Vous avez été condamné à payer des dommages-intérêts, *damnum acceptum*, *et lucrum im-
peditum*: mais le jugement ne les a pas fixés; leur
quotité sera appréciée par des experts, ou liquidée d'après une déclaration que fournira votre
adversaire, sauf à contester. Ce jugement est
bien définitif, car il n'est plus possible d'y
revenir, et de dire que vous ne devez point
de dommages-intérêts; mais, pour l'exécuter,
il faut une liquidation; pour cette liquidation,
il faut un avoué; et celui que vous aviez déjà
dans la cause *occupera* sans nouveaux pouvoirs, parce que sa charge n'est pas finie tant
que toutes les procédures judiciaires ne sont
pas terminées. Il en est de même lorsqu'il s'agit
d'une restitution de fruits, ou d'une opposition à des taxes de dépens, ou d'une condamnation obtenue à la charge de donner caution.

L'article 147 n'appartient point à cette
spécialité d'idées. Sa disposition est générale,
elle s'étend à tous les jugemens qui mettent

une obligation quelconque à la charge per-   Art.
sonnelle d'une partie, ce qui fait présumer
de droit, en elle, le besoin d'être avisée sur
la marche qu'elle doit suivre.

Que l'exécution soit de nature à nécessiter
une continuation de procédure, dans laquelle
les avoués devront *occuper* sans nouveaux
pouvoirs, ou qu'il s'agisse d'une exécution
parée, comme disent les praticiens, *parata
executio,* qui se fait en vertu du jugement
tel qu'il est, parce que la condamnation n'a
besoin ni d'être liquidée, ni d'être appréciée,
il n'y a point de distinction à établir. Il faut
toujours signifier le jugement à l'avoué, avant
de le signifier au client, afin que celui-ci
puisse être averti. Voilà l'intention principale
de la loi ; elle s'applique aux arrêts des Cours,
de même qu'aux jugemens de première instance. C'est plus qu'une règle ordinaire de
procédure, c'est une mesure d'ordre public.
Prétendre que la nullité, en cas de contravention, tombe uniquement sur les actes
d'exécution du jugement, et que la signification portée de prime-saut chez la partie condamnée, n'en doit pas moins servir de point
de départ pour les délais du recours, c'est
décréditer la loi ; c'est isoler de son appui

Art. l'homme inexpérimenté qui s'y confie, et cacher des piéges de déchéance sous l'extérieur d'une trompeuse garantie.

Peut-être on objectera : le Code ne dit pas que le jugement *ne pourra être signifié à la partie*, mais seulement *qu'il ne pourra être exécuté*, qu'après avoir été signifié à avoué.

Est-ce que la signification à la partie n'est pas un commencement, et l'une des formalités essentielles de l'exécution des jugemens? N'est-ce pas pour y parvenir, que l'on vise à faire courir et à faire expirer les délais durant lesquels elle pourrait être arrêtée ou suspendue? N'est-ce pas un résultat assez grave que de laisser acquérir la force de chose jugée à une décision dont un avis opportun aurait pu procurer la réformation?

Je crois donc qu'il faut dénier toute espèce d'effet à la signification d'un jugement faite au client, sans que l'avoué ait préalablement reçu la sienne. Telle est, en résumé, l'opinion de M. Coffinières (1), et celle de M. Pigeau (2).

(1) *Jurisprud. des Cours souv*. t. 5, p. 470.
(2) Comment. t. 1ᵉʳ, p. 339.

Toutefois, si la personne condamnée n'avait
point eu d'avoué dans la cause, le jugement
ne serait signifié qu'à elle-même, car à l'impossible nul n'est tenu. Il faut en dire autant,
si l'avoué qu'elle a constitué vient à mourir
ou à ne plus exercer. Mais, dans ce dernier
cas, la signification qui n'est faite qu'à la
partie doit contenir la mention du décès ou
de la cessation des fonctions de son avoué. Ici
l'intention de la loi, telle que je l'ai exposée,
se manifeste avec toutes les clartés de l'évi-
dence : le plaideur qui se repose sur les avis
qu'il attend, pour calculer sa chance, peut
devenir la victime d'un vain espoir, s'il
ignore, en recevant la signification du jugement, qu'il n'a plus d'avoué. Il est essentiel
qu'il soit éclairé sur la situation des choses,
à cet égard, afin qu'il cherche ailleurs des
conseils et des règles de conduite.

Je n'ai plus qu'une distinction à indiquer :
elle sort du principe d'utilité, dont il faut
toujours chercher la trace dans les moindres
détails du système.

Le jugement qui vient d'être rendu n'est-il
qu'un règlement de procédure, ne contient-il
aucune condamnation ou aucune disposition

ART. qui soit directement à la charge de l'une des parties? Ce jugement ne devra être signifié qu'à l'avoué, parce que dans tout ce qui concerne la marche de l'affaire, et dans tout ce qui n'exige pas absolument l'accession personnelle du client, l'avoué le représente. Par exemple : une instruction par écrit est ordonnée, c'est l'avoué seul qui pourvoit à l'exécution de cette mesure; il s'agit d'une descente sur le lieu contentieux ou d'une expertise, c'est encore à l'avoué seul que sont faites les significations pour la poursuite des opérations de cette espèce, car ce ne sont pas des circonstances où le client doive payer de sa personne.

Mais toutes les fois qu'un jugement impose une obligation qui ne peut être remplie que par la partie elle-même, comme une comparution personnelle, un interrogatoire, un serment, c'est le cas de la double signification : l'une à l'avoué, afin qu'il avertisse le client de se tenir sur ses gardes, soit pour obéir, soit pour protester, soit pour appeler; et l'autre au client, parce que, comme disent les praticiens, le jugement gît en exécution directe contre lui.

Il me reste encore beaucoup à dire sur cette ᴀʀᴛ. vaste matière des jugemens. J'ai cru qu'il me serait permis de la diviser et de ne pas m'astreindre à suivre l'ordre du Code, dans l'explication des articles dont je me suis occupé jusqu'à ce moment. Je vais en donner les motifs.

———

CHAPITRE VIII.

SUITE DES JUGEMENS. — DISPOSITIONS ACCES-SOIRES.

LES lois ont dû confier à la prudence des juges tous les moyens d'instruction qui peuvent servir à la découverte de la vérité : *cui jurisdictio data est, ea quoque videntur concessa sine quibus jurisdictio explicari non potest* (1).

Toutefois l'emploi de ces moyens est subordonné, pour la plupart des cas, à des conditions et à des formes, dont l'importance a fourni dans le Code la matière de plusieurs titres particuliers. Tels sont ceux de *la vérification des écritures*, du *faux incident*, des *enquêtes*, des *expertises*, des *visites de lieux*, et des *interrogatoires sur faits et articles*.

_____

(1) *L.* 2, *ff. de jurisdict.*

Mais il en est d'autres qui n'exigent pas Art.
autant de préparations, et qui peuvent souvent être mis en usage à l'audience même où
leur nécessité vient se manifester : je veux parler de *la comparution personnelle* et du *serment*. C'est à cette considération qu'il faut attribuer la place qu'ils occupent, au milieu
des articles relatifs à la composition des jugemens. On y a mêlé des règles sur *les dépens*
et sur *l'exécution provisoire*, avec des pouvoirs
donnés aux tribunaux pour accorder un délai de grâce aux débiteurs, ou pour ajouter à
quelques condamnations la rigueur de la
contrainte par corps.

Cette interférence contrariait l'ordre naturel de mes explications. J'ai donc com-
mencé par traiter tout ce qui comprenait la
formation, la rédaction et la signification des
jugemens, et je consacre ce chapitre aux dispositions accessoires que je viens d'indiquer.

L'opposition entre les plaideurs sur les
faits d'une cause, jette souvent la justice
dans une désespérante perplexité. Il est
difficile de pénétrer jusqu'au vrai, à tra-
vers ces luttes alternatives de doutes et
de vraisemblances, qui s'engagent au palais.

ART. Les intermédiaires y sont fort utiles pour la direction des procédures, et pour la discussion des points de droit; mais il ne dépend pas toujours d'eux d'apporter dans les détails et dans les nuances des faits toute l'exactitude et toute la fidélité désirables. Un moyen est offert aujourd'hui pour écarter ce voile de nuages; c'est *la comparution personnelle*.

Le jugement qui l'ordonne ne contient pas d'autre motif que celui tiré de l'utilité qu'il promet; il dit que les parties viendront elles-mêmes à l'audience se placer sous les yeux des magistrats, et donner les renseignemens qui seront demandés; il ne préjuge rien, car il n'énonce ni les faits qu'il s'agit d'éclaircir, ni les questions qui seront faites.

Les parties sont-elles là présentes? ce jugement est exécuté aussitôt que prononcé. Par conséquent il n'est ni rédigé, ni levé, ni expédié; seulement, dans la sentence définitive qui le suit immédiatement, il est fait mention de tout ce qui a précédé.

Si la comparution ne peut pas avoir lieu audience tenante, le préparatoire qui appelle les parties, et qui indique le jour auquel elles seront entendues, doit être signifié à la requête de la plus diligente, d'abord à l'avoué, puis à la personne ou au domicile de l'autre, Art. avec sommation d'obéir, car il s'agit d'une exécution à sa charge (1).

La nécessité de la signification préalable à l'avoué, dans ce cas, n'est pas généralement admise (2). On s'appuie, pour la rejeter, sur l'article 70 du tarif, d'après lequel tous avoués sont tenus *de se présenter* au jour indiqué par un jugement préparatoire, ou par un jugement *de remise* (3), sans qu'il soit besoin d'aucune sommation. Mais cet article ne s'applique qu'aux actes d'instruction et aux mesures d'ordre qui concernent uniquement l'office des avoués. Toutes les fois qu'une disposition de jugement s'adresse directement à la partie, comme pour une comparution personnelle, l'article 147 du Code ne reçoit aucune exception; la double signification est indispensable. Ne peut-il pas arriver que ce jugement soit attaquable pour quelque cause de nullité qu'il importe de ne pas couvrir, ou qu'une exception d'incompétence, une *fin*

(1) Voyez ci-dessus, page 466.

(2) Voyez M. Carré, Lois de la procédure, t. 1, p. 274.

(3) C'est-à-dire un jugement qui renvoie la plaidoirie de la cause d'un jour à un autre.

Art. *de non-recevoir* soient compromises par la comparution? La signification préalable à l'avoué devrait encore être faite, quand tout l'avantage que la loi s'en promet se réduirait, en définitive, à faire savoir au client que les faits sur lesquels on se propose de l'interroger pourront être tenus pour avérés, s'il ne vient pas.

La comparution personnelle est, sans contredit, le moyen le plus simple et le plus efficace, le moins long et le moins dispendieux que puisse employer un tribunal, pour faire jaillir quelque lumière dans ces ténébreuses disputes de faits. Combien de fois n'a-t-on pas vu s'évanouir, à cette épreuve, une faveur trop prompte que l'art ou l'intrigue avaient su répandre d'abord sur la plus mauvaise cause!

Cependant on en fait rarement usage. Cela tient à d'anciennes habitudes, et à de vieilles traditions qui composent encore la science de beaucoup de gens, dans l'ordre judiciaire.

On ne doutait point à Rome qu'il ne fût toujours permis au juge d'interroger les parties : *ubicunque judicem æquitas moverit, æquè oportere fieri interrogationem dubium non est* (1).

(1) L. 21 *ff. de interrog. in jure faciend.*

Mais lorsque la procédure devint secrète Art.
en France, les enquêtes, les interrogatoires,
les rapports, tout se fit dans l'ombre des gref-
fes. Cette révolution date de l'ordonnance
de 1539; elle fut le résultat des progrès de
l'écriture, si l'on en croît M. de Montesquieu :
« L'usage de l'écriture arrête les idées, et
peut faire établir le secret; mais quand on
n'a point cet usage, il n'y a que la publicité
de la procédure qui puisse fixer ces mêmes
idées (1). »

Il ne fut plus permis à un tribunal de faire
venir les parties à l'audience, pour les ques-
tionner d'office, pour les entendre ensemble
ou séparément, pour les confronter, les voir,
les observer. On dirait que les législateurs
de ce temps-là s'étaient proposé le problème
du mode le plus sûr de ne point atteindre la
vérité, suivant l'expression de M. Bellot (2).
Afin de le résoudre, ils imaginèrent ce que
nous appelons encore *l'interrogatoire sur faits
et articles*. Ce moyen d'instruction qui se
retrouve, par tradition, dans le Code de procédure, ne peut jamais être ordonné que

_____

(1) Esprit des lois, liv. 28, chap. 34.
(2) Exposé, etc., page 109.

Art. sur la réquisition écrite de l'une des parties, et les questions sont communiquées à celle qui doit répondre, vingt-quatre heures d'avance, pour le moins. Ce n'était point assez que cette grande facilité de préparation, on a pris le soin de lui épargner le désagrément de la publicité, et la présence d'un contra-dicteur; car elle sera interrogée en secret, par un seul juge, et son adversaire n'y pourra point assister (1).

Les juges-consuls furent seuls autorisés à faire comparaître les parties devant eux, et à les interpeller comme ils le jugeraient con-venable (2). La raison de la différence était prise de ce que l'ordre de comparaître per-sonnellement à l'audience, pendant le cours du procès, étant une sorte de réajournement, c'eût été porter atteinte à l'institution des pro-cureurs *ad lites*, que de conférer aux tri-bunaux ordinaires le pouvoir de donner cet ordre. Mais on n'y voyait rien d'irrégulier,

---

(1) Voyez l'ordonnance de Villers-Cotterets, arti-cle 37; celle de Roussillon, art. 6; celle de Blois, art. 168; celle de 1667, titre 10, art. 1; et le titre 15, liv. 2, part. 1re du Code de procédure.

(2) Ordonnance de 1667, titre 16, art. 4.

en ce qui concernait les juridictions consu- ART.
laires, parce que les personnes assignées
étaient toujours tenues de s'y présenter,
sans assistance de procureurs ni d'avocats (1).

Le bon sens a triomphé de cette métaphy-
sique surannée ; aujourd'hui tous les juges
peuvent faire comparaître devant eux les parties en personne. Fallait-il donc conserver
en même temps l'usage de l'interrogatoire
sur faits et articles? Oui, pour les cas où un
trop grand éloignement, une maladie, une
infirmité grave rendraient impossible la comparution à l'audience. Mais ne pouvait-on pas
rendre ses formes moins apprêtées et moins
mystérieuses? Je reviendrai plus tard sur ce
point (2).

Cependant la perte de temps et les frais de
déplacement qu'entraîne la comparution personnelle, doivent être compensés par une
évidente utilité. Si les tribunaux en usaient
indistinctement et sans mesure, ce serait
bientôt un moyen de vexation, et la justice

_____

(1) *Ibidem*, art. 1 et 2. Voyez Rodier, p. 290.
(2) Au chapitre *des interrogatoires sur faits et
articles.*

Art. s'enchaînerait souvent elle-même par d'injustes retards.

Celui que les juges ont appelé à l'audience pour être interrogé, et qui refuse de comparaître ou de répondre, s'expose à ce que les faits allégués par son adversaire soient tenus pour avérés. Le Code ne s'en exprime pas, en parlant de la comparution personnelle, mais c'est un argument qui dérive tout naturellement de l'article 350, au titre de *l'interrogatoire.* Il y a même droit où il y a même raison.

Ce n'est pas que le défaut de comparution, ou le refus de répondre, impose aux tribunaux l'obligation étroite de tenir les faits pour avérés; il faut entendre ce que je viens de dire dans le sens d'une simple faculté. Certes une juste prévention s'élève contre le plaideur honteux qui craint de se présenter et de s'expliquer : *nimis indignum est proprio testimonio resistere* (1); toutefois cette prévention ne constitue pas une preuve qui doive dominer l'opinion du juge, et interdire tout accès à des documens contraires. Il était mieux de s'en remettre, comme on l'a fait, à ses lu-

(1) L. 13, *Cod. de non numeratâ pecuniâ.*

mières et à sa pénétration. Les circonstances Aʀᴛ.
agiront sur son esprit ; il se décidera, en
toute sécurité, à tenir pour avérés des faits
que rien ne contredit, qui s'accordent entre
eux, et qui se lient sans effort, sans invrai-
semblance, à ce qui se trouve déjà constant
et reconnu dans l'affaire.

Les réponses qui s'obtiennent par la comparution personnelle des parties forment des
aveux judiciaires (1).

« L'aveu judiciaire fait pleine foi contre
celui qui l'a fait (2). » *Litigatoribus sufficiunt
ad probationes, ea quæ ab adversá parte
expressa fuerint apud judices* (3). *Fides ei
contrà se habebitur* (4). *Confessio in jure pro
judicato est* (5).

Celui qui répond d'une manière obscure
est censé n'avoir pas voulu répondre : *nihil*

---

(1) Les aveux qui se trouvent dans les conclusions
et dans les autres écritures du procès, sont également des aveux judiciaires, et font foi contre les
parties au nom desquelles ils ont été faits, jusqu'au
désaveu. J'en parlerai dans le chapitre *du désaveu.*

(2) Code civil, art. 1356.

(3) L. 1, § 1, *ff. de interrog. in jure faciendis.*

(4) L. 11, § 1, *eodem.*

(5) L. 1, *ff. de confessis.*

Aʀᴛ. *interest neget quis, an taceat interrogatus, an obscurè respondeat, ut in certum dimittat interrogatorem* (1).

Une partie ne peut être obligée de répondre que sur ce qui lui est personnel : *alius pro alio non debet respondere cogi; de se enim debet quis in judicio interrogari, hoc est cùm convenitur* (2).

Celui qui ment, dans ses réponses, doit être condamné : *voluit prætor adstringere eum qui convenitur, ex suâ in judicio responsione, ut vel confitendo, vel mentiendo sese oneret* (3).

L'aveu judiciaire ne peut être divisé contre celui qui l'a fait (4).

Cette indivisibilité, avant qu'elle eût été érigée en loi par le Code civil, était fort controversée entre les auteurs, et soumise à une foule de restrictions. Il y a une savante dissertation là-dessus, dans les *Questions de droit* de M. Merlin, *verbo Confession*, § 2.

Je reconnais que je vous ai emprunté mille

(1) L. 11, § 7, *eodem.*
(2) L. 9, § 3, *eodem.*
(3) L. 4, *eodem.*
(4) Code civil, art. 1356.

francs, et je dis en même temps que je vous Art. les ai rendus; vous n'avez pas de titre contre moi; il ne vous sera pas permis d'accepter la première partie de mon aveu, et de rejeter l'autre. Voilà le principe démontré par un exemple.

Toutefois il reçoit plusieurs exceptions.

1° Il n'est applicable qu'à cette gêne, où vous vous trouvez, de ne pouvoir administrer aucune autre preuve du prêt, que celle résultant de mon aveu. Dans cette conjoncture, je ne mérite pas moins de confiance sur le premier point que sur le second, puisque je n'avais pas plus de précautions à prendre pour me libérer que pour m'obliger.

Mais si, plus heureux, vous êtes en position de dédaigner une déclaration dont vous n'avez pas besoin pour établir la réalité du prêt, ce serait faire trop bon marché de vos droits, que de n'oser pas diviser mon aveu, et de me réputer libéré, parce que je veux bien, à cette condition, me reconnaître obligé.

2° On ne peut invoquer l'indivisibilité de l'aveu, lorsque la portion contestée se trouve combattue par une présomption légale. Ainsi: la mère d'un enfant adultérin avoue qu'elle a reçu du père une certaine somme, mais

ART. elle dit en même temps que c'est une donation manuelle qui lui a été faite. On prendra
acte de sa confession, en ce qui touche la
tradition de la somme, et le reste sera rejeté.
La loi présume que la mère a été interposée
pour faire passer la somme à son fils, et la
donation est nulle, parce que le fils était
incapable de recevoir (1).

3° Il y a encore exception, lorsque l'une des
parties de l'aveu choque ouvertement la vrai-
semblance, et dégénère en absurdité. Chacun
peut imaginer un exemple.

4° On a agité dans ces derniers temps
la question de savoir si l'aveu ne doit
pas être divisé, quand il porte sur des faits
entre lesquels il n'apparaît point de connexité.

La difficulté me semble devoir être résolue
par cette distinction :

Si de deux faits compris dans l'aveu, et qui
ne se rapportent ni au même temps, ni au
même objet, l'un sert de défense à l'autre,
c'est-à-dire, si en avouant le fait d'où naît
l'action intentée contre moi, j'en ajoute un

(1) Voyez les articles 762, 908 et 911 du Code
civil.

autre qui tend à neutraliser le premier, mon aveu sera indivisible, quoiqu'il n'y ait pas de connexité.

Dans une lettre que je vous adresse, je fais mention d'un prêt d'argent que vous m'avez fait, puis je rappelle que votre père me devait telle ou telle somme. Ici, point de connexité. Cependant vous n'avez que mon aveu pour preuve du prêt, et vous ne pouvez vous en prévaloir qu'en acceptant comme vraie l'allégation de ma créance sur votre père, parce qu'elle tend à neutraliser les conséquences de ma dette envers vous. C'est, à peu près, l'espèce de la fameuse loi 26, § 2, *ff. depositi vel contrà.* Le droit romain s'en rapportait, en ce cas, à la sagesse du juge; mais, sous le Code civil, le texte défend de diviser (1).

Supposez au contraire que l'un des membres de l'aveu manque à la fois, relativement à l'autre, et de connexité, et de l'influence défensive dont je viens de parler : comme si ,

(1) Voyez M. Merlin, *Questions de droit*, v° confession § 2; et M. Toullier, tom. 10, n° 335 et suiv. Il paraît que M. Toullier n'a pas parfaitement saisi le sens de la loi 26 , *ff. depositi.*

Aʀᴛ. en avouant le prêt que vous m'avez fait, j'é-
levais la prétention d'exercer sur votre propriété un droit de servitude, la règle de
l'indivisibilité s'évanouira.

Dans la comparution personnelle, le plaideur qui répond n'est qu'un témoin.

Si vous lui déférez le serment, il va devenir son propre juge.

Le serment peut être considéré comme
une preuve, et comme une épreuve. On l'appelle encore en Angleterre *gage de loi : vadiatio legis*; de même que *le gage de bataille*
s'appelait autrefois *vadiatio duelli.*

Il n'est pas question ici du serment promis-
soire, *jusjurandum promissorium*, par lequel
on promet de faire une chose. Tels sont le
serment politique, le serment du mariage,
celui que doivent prêter les fonctionnaires
publics avant d'entrer dans l'exercice de leur
charge, les témoins avant de déposer, et les
experts avant d'opérer.

Au moyen âge, l'usage du serment promis-
soire s'était introduit dans tous les contrats,
pour assurer l'accomplissement futur des
engagemens qu'ils contenaient. Les notaires

qui étaient gens d'église, ne manquaient pas,   Art.
dit Pothier, de faire mention que les parties
avaient juré de ne pas contrevenir aux clau-
ses stipulées ; « parce que le serment étant un
acte de religion, et le refus d'exécuter une
obligation confirmée par serment étant la
violation d'un acte religieux, la religion était
intéressée dans les procès relatifs à l'exécution
de ces engagemens, ce qui devait les rendre
de la compétence des juges ecclésiastiques.

» Il y a très long-temps que le clergé a
été obligé d'abandonner ces prétentions auxquelles l'ignorance avait donné lieu, et l'usage
du serment a cessé dans les contrats des particuliers (1). »

Pothier ajoute que ce serment, s'il était
encore pratiqué, n'aurait que peu ou point
d'effet dans le for extérieur :

« Car, ou l'obligation est valable par elle-
même, ou elle ne l'est pas.

» Si l'obligation est valable par elle-même, le
serment est superflu, puisque, sans qu'il inter-
vienne, le créancier envers qui elle a été
contractée, a action contre son débiteur, pour
en exiger l'accomplissement. Le serment n'a-

_____

(1) Traité des obligations, n° 104.

Art. joule rien à cette action, et ne donne pas plus de droit que s'il n'eût pas été interposé.

» Lorsque l'obligation par elle-même n'est pas valable, et est de celles pour lesquelles la loi civile a jugé à propos de dénier l'action, le serment est pareillement de nul effet dans le for extérieur, car la loi civile n'en dénie pas moins l'action au créancier (1). »

Le serment affirmatif, *jusjurandum asser-torium*, est celui qui a pour objet de garantir la sincérité de l'affirmation ou de la négation d'un fait présent ou passé.

Il est *extrajudiciaire*, quand, *intra parietes*, une personne le défère à une autre, pour en faire dépendre amiablement le sort d'un différend qu'elles ne veulent pas porter devant les tribunaux : *jusjurandi religio quâ ex pactione litigatorum deciduntur controversiæ..... Jusjurandum quod ex conventione extrà judicium defertur* (2).

Par exemple, le serment déféré en bu-

_____

(1) *Ibid.* n° 105. M. Toullier, t. 10, p. 459 et suiv., a reproduit cette doctrine avec les développemens donnés par l'auteur du Traité des obligations.

(2) L. 1 et 17, *ff. de jurejurando.*

reau de paix, est un serment extrajudi- ART.
ciaire. Je prie qu'on veuille bien se reporter
à ce que j'ai dit ci-dessus, pages 42 et 44.

Le serment affirmatif est *judiciaire* lorsqu'il se fait en justice. C'est à celui-là que je
dois spécialement m'attacher dans ce chapitre.

La barbarie dans les temps anciens, l'habitude dans les siècles qui suivirent, l'in-
différence en matière de religion, la dé-
pravation des mœurs, la corruption des
doctrines, et les succès de l'hypocrisie, ont,
en général, dépouillé le serment de sa foi,
de ses terreurs, et de ses garanties. Il en
fut à peu près de même en tous lieux et en
tous temps : *Cùm faciles sint nonnulli homi-
num ad jurandum contemptu religionis*, disait-on à Rome (1), et nos pères se virent
forcés d'établir la preuve par le combat,
pour ôter le serment des mains des hommes
qui en voulaient abuser ; c'était l'expression
de leurs lois (2). Ainsi, remarque M. de Montesquieu, tandis que les ecclésiastiques décla-

_____

(1) L. 8, *ff. de condit. instit.*

(2) Voyez mon Introduction, pages 166 et suivantes.

Aᴿᴛ. raient impie la loi qui permettait le combat, la loi des Bourguignons regardait comme sacrilége celle qui établissait le serment (1).

La sainteté du serment judiciaire n'est que dans la moralité de l'homme. Celui qui n'a pas craint d'être infidèle, ne craindra point d'être parjure : c'est folie que de s'en rapporter à sa foi. *Qui juramentum a malo viro postulat, insanit.*

On avait poussé l'abus, autrefois, jusqu'à exiger des accusés, avant de leur faire subir interrogatoire, le serment de dire toute la vérité. Ce fut le farouche M. Pussort qui fit insérer dans l'ordonnance de 1670 cette disposition empruntée au *Directoire des inquisiteurs* (2).

Il y avait cent ans que la vénalité des charges de magistrature était établie, quand tous les juges de France juraient encore, en prenant possession de leur office, *qu'ils n'avaient rien baillé ni promis, soit directement, soit indirectement.* « Aussi à la vérité c'était bien une

---

(1) Esprit des Lois, liv. 28, chap 17.

(2) Le *Directoire des inquisiteurs* fut composé vers l'an 1360 par le moine Eymeric. M. l'abbé Morellet a publié en 1762 un abrégé de ce livre.

honte, disait Loiseau, que des magistrats en- Arr.
trassent en fonctions par un parjure solennel,
et qu'en l'acte de leur réception ils commis-
sent une fausseté (1). »

Justinien s'était empressé d'abolir une vieille
loi romaine, qui n'accordait aux veuves la tutelle
de leurs enfans, que sous la condition de jurer
qu'elles ne se remarieraient point. Cette loi
faisait faire presqu'autant de parjures que de
sermens : *totiès scimus prævaricatam legem et
jusjurandum perjurum datum, quotiès pene
datum est.* L'empereur ne voulut pas que
l'on continuât de jurer avec tant de témérité :
*quia vero multam habemus formidinem, ne
facilè jusjurandum per magnum deum detur,
et hoc prævaricetur* (2).

Je reviens à mon texte.

« Le serment judiciaire est de deux espèces.

» 1° Celui qu'une partie défère à l'autre, pour
en faire dépendre le jugement de la cause; il
est appelé *décisoire.*

» 2° Celui qui est déféré d'office par le juge.

_____

(1) Ce serment fut aboli en 1587.
(2) *Novella* 94, *cap.* 2.

ART. à l'une ou à l'autre des parties. » On lui donne
le nom de supplétif (1).

Je parlerai d'abord du serment décisoire.

C'est une sorte de transaction qui termine irrévocablement le procès : *jusjurandum speciem transactionis continet* (2).

Le serment décisoire peut être référé; c'est-
à-dire, qu'il est permis d'en rejeter la charge
sur la personne qui l'a déféré : *datur et alia
facultas reo, ut, si malit, referat jusjurandum* (3).

Exemple : vous m'avez traduit en justice
pour me faire condamner à vous payer
1,000 fr.; les preuves vous manquent, et vous
me dites à l'audience : Jurez que vous ne
devez pas, ou payez. — Voilà le serment
déféré.

Moi je réponds : Je ne veux pas jurer,
mais si vous jurez vous-même que je suis votre
débiteur des 1,000 fr., je les paierai. — Voilà
le serment *référé*.

« Celui auquel le serment est déféré, qui

(1) Cod. civ., art. 1357.
(2) L. 2, ff. *de jurejur.*
(3) L. 34, § 7, *eod.*

le refuse, ou ne consent pas à le référer Art à son adversaire, ou l'adversaire à qui il a été référé, et qui le refuse, doit succomber dans sa demande ou dans son exception (1). »

L'offre de déférer ou de référer le serment peut être rétractée, tant que l'autre partie n'a pas déclaré qu'elle était prête à le faire (2), parce que cette déclaration seule forme le nœud de la transaction qui a été proposée.

Le serment décisoire produit, en faveur de celui qui l'a prêté, plus d'effet encore qu'un arrêt souverain : *majorem habet auctoritatem quàm res judicata* (3). Quelques voies de recours pourraient rester ouvertes contre un arrêt, et il n'en est aucune qui soit donnée à un plaideur, pour prouver la fausseté du serment qu'il a déféré ou référé (4) : *nec parjurii prœtextu, causa retractari potest* (5) ; car il s'en est rapporté à la foi de l'autre

---

(1) C. civ., art. 1361.
(2) C. civ., art. 1364.
(3) L. 2, ff. *de jurejur.*
(4) Cod. civ., art 1363.
(5) L. 1, Cod. *de rebus credit.*

A.rt. partie, et le serment n'a été prêté que parce qu'il l'a voulu. « Cesluy qui a juré doit être creu, sans jamais autre preuve ne reproche à faire, et se doit, sur ce, jugement asseoir *pro* ou *contra* (1). »

(1) Somme rurale de Bouteillier, liv. 3, tit. 5.

Toutefois les lois n'ont point laissé le parjure impuni. « Celui à qui le serment aura été déféré ou référé en matière civile, et qui aura fait un faux serment, sera puni de la dégradation civique. » (Code pén., art 366.) Mais le ministère public seul a le droit de poursuivre, et de conclure à l'application de la peine.

La partie qui avait déféré ou référé le serment ne peut en aucune manière profiter de l'arrêt rendu contre le parjure. La condamnation criminelle ne relâche point le lien de transaction que les plaideurs s'étaient imposé devant les juges civils. Voyez les arrêts cités par Brodeau sur Louet, lett. S, somm. 4; Poulain-Duparc, sur la coutume de Bretagne, article 163; Pothier, *Traité des Obligations*, n° 915; et M. Toullier, tom. 5, pag. 494, etc.

Voët voulait qu'on accordât l'action, ou l'exception de dol, à la partie lésée par un faux serment. Belordeau, en ses *Observations forenses*, liv. 3, part. 2, art. 7, a professé la même opinion, et elle paraît avoir été consacrée par deux arrêts du parlement de Bordeaux, (Lapeyrère, lett. S, n° 8).

Je puis rapporter, à ce sujet, un trait cité Aʀт.
par M. de Lamoignon, lors des conférences sur
l'ordonnance de 1670.

En une audience où siégeait M. le premier
président du Harlay, une partie avançait un
fait dont elle avait la preuve écrite par le
défendeur lui-même. Celui-ci niait, ne se
doutant pas qu'il fût aussi facile de le confondre. Sur quoi, le demandeur lui déféra
le serment ; et le serment prêté, il le con-
vainquit de fausseté, en donnant lecture de
la pièce. M. le premier président se tourna
vers l'imprudent qui, sans nécessité aucune,
s'était plu malicieusement à provoquer ce
parjure public ; il le reprit avec une grande
sévérité, et après avoir recueilli les voix, il
le condamna.

« Le serment ne peut être déféré que sur
un fait personnel à la partie à qui on le dé-
fère(1).» Voici comment se doit expliquer cette
disposition : je suis assigné pour le paiement
d'une chose que l'on prétend avoir vendue

Cette doctrine ne peut plus se soutenir, et toute
controverse doit cesser en présence de l'art. 1363 du
Code civil.

(1) Cod. civ., art. 1359.

Art. à quelqu'un dont je suis héritier ; on ne peut pas me déférer le serment sur le fait de savoir si la chose a été vendue, ou non, au défunt ; car ce n'est pas un fait qui me soit personnel et qu'il me soit défendu d'ignorer : c'est le fait d'un autre à qui j'ai succédé ; je puis n'en avoir pas connaissance : *heredi ejus cum quo contractum est, jusjurandum deferri non potest* (1).

Mais il est permis, en ce cas, de me déférer le serment sur la connaissance que je puis avoir de cette dette contractée par le défunt. Ce n'est pas me déférer le serment sur le fait de la vente, qui n'est pas mon fait, mais sur le fait d'une connaissance que l'on me suppose, et qui m'est toute personnelle.

Le serment demandé à l'héritier, en pareille circonstance, s'appelait autrefois serment de *crédibilité*. Son usage n'a point été abrogé par nos codes (2).

Je l'ai déjà dit, le serment décisoire renferme une transaction. De ce principe sort une conséquence, qu'il eût été inutile de

(1) *Paul, sent.* 11, t. 4.
(2) Voyez les art. 2275 du Cod. civ., et 189 du Cod. de comm.

remettre en lumière dans les articles relatifs au serment, c'est que, pour le déférer ou l'accepter, il faut que l'on soit capable de disposer, et que son objet puisse être la matière d'une transaction. On conçoit également qu'il ne peut être déféré contre les présomptions que la loi attache à certains actes ou à certains faits (1). Inutilement encore serait-il déféré sur l'observation des formes essentielles dont quelques actes doivent contenir la mention expresse, à peine de nullité, comme dans les testamens, les donations entre-vifs, les constitutions d'hypothèques, etc.

A part ces exceptions qui se manifestent assez d'elles-mêmes, on peut déférer le serment décisoire sur quelque contestation que ce soit, en première instance comme en appel, dans toutes les causes personnelles, réelles ou mixtes, quoiqu'il n'y ait aucun commencement de preuve de la demande ou de l'exception sur laquelle il est provoqué (2). *Jusjurandum et ad pecunias et ad omnes res locum habet* (3).

(1) Cod. civ., art. 1350. Voyez ci-dessus pag. 479.

(2) Cod. civ., art. 1358 et 1360.

(3) L. 34, ff. *de jurejur.*

Art.   C'était jadis un grand sujet de dispute, que de savoir si la délation de serment était admissible contre une obligation résultant d'un acte authentique, parce que, disait-on, un pareil acte fait pleine foi de ce qu'il contient, jusqu'à inscription de faux. On confondait ainsi la simulation avec le faux. Je ne suis point obligé d'attaquer directement le notaire, quand je m'en rapporte au témoignage de votre conscience en ce qui touche la sincérité de l'acte (1).

Mais une difficulté nouvelle vient d'être jetée sur cette matière. La Cour de cassation a jugé, en 1829 (2), que, même dans les cas généraux, le Code civil n'impose point aux tribunaux l'obligation d'ordonner le serment décisoire que l'une des parties a déféré à l'autre, et qu'ils ont la libre faculté de le rejeter ou de l'admettre, selon les circonstances. La Cour royale de Bordeaux a rendu depuis deux arrêts dans ce sens (3). Il ne

(1) Lapeyrere, lett. D, n° 121, et lett. P, n° 87; et M. Toullier, t. 10, pag. 488.

(2) Sirey, 29 — 1. — 366.

(3) Mémorial des Cours royales de France, par M. Tajan, t. 21, pag. 305.

m'est pas possible de croire qu'une semblable interprétation soit conforme à la lettre et à l'esprit de la loi.

Un tribunal a bien le droit de déclarer qu'un serment déféré par le demandeur ne porte pas sur un fait personnel au défendeur, ou que celui qui défère le serment n'est pas légalement capable de disposer de ses droits, ou que la nature du litige ne permet pas qu'il soit vidé par un serment décisoire, attendu qu'il ne pourrait pas l'être par une transaction. Mais, hors de là, les juges n'ont point le pouvoir de dispenser du serment le plaideur auquel il a été déféré, ni de le sauver d'une condamnation, s'il refuse de le prêter.

La loi porte que le serment *décisoire* peut être déféré sur quelque constestation que ce soit. Ce n'est point aux magistrats que cette faculté est donnée, c'est aux parties; voyez les textes des articles 1364 et 1365 du Code civil. Le tribunal ne défère jamais le serment *décisoire*, seulement il donne acte de ce qu'il est déféré, prêté ou refusé; il en impose la condition, parce qu'il a été déféré. *Delata conditione jurisjurandi, reus vel solvere vel jurare, nisi jusjurandum re-*

ART. *ferat*, *necesse habet* (1). Les juges ne sont
là que comme des officiers publics qui scellent
un contrat passé devant eux.

Il faut que je le répète encore : le serment *décisoire* est une sorte de transaction
qui termine le procès, *speciem transactionis
continet*. Or, les juges ont-ils reçu la puissance de s'opposer à ce que les parties tran-
sigent, lorsqu'elles sont capables de transiger,
et lorsque l'objet du procès peut être la matière d'une transaction ? Celui qui défère le
serment dit à son adversaire : Jurez que vous
ne me devez point, ou payez. Si l'adversaire
ne doit point, pourquoi ne jurerait-il pas ? et
s'il n'ose point jurer, pourquoi ne paierait-il
pas ? La justice n'a point de circonstances à
apprécier dans cette alternative : *Alterum
eligat, aut solvat aut juret ; si non solvat,
cogendus erit a prætore* (2). Le Code civil ne
dit pas autrement.

Cette jurisprudence, contre laquelle j'ose
m'inscrire, voudrait-elle justifier sa dicta-
ture par le relâchement des liens moraux et
religieux ? Il n'y a qu'un mot à répondre :

(1) L. 9, *Cod. rebus credit.*
(2) L. 34, ff. *de jurejur.*

ce n'est point à la justice, c'est à moi seul ART.
qu'il appartient de faire ces calculs d'estime,
et de savoir jusqu'à quel point je dois
compter sur la foi d'un serment, que je suis
libre de déférer ou de ne pas déférer.

Toutefois, il est une autre espèce de serment que le juge peut déférer lui-même à
l'une des parties, pour en faire dépendre le
jugement de la cause. C'est le serment supplétif.

Mais l'exercice de ce pouvoir est subordonné à deux conditions essentielles, dont
l'observation est expressément recommandée
par la loi.

« Il faut,

» 1° Que la demande ou l'exception ne soit
pas pleinement justifiée ;

» 2° Qu'elle ne soit pas totalement dénuée
de preuves.

» Hors de ces deux cas, le juge doit ou
adjuger ou rejeter purement et simplement
la demande. »

Il n'y a plus ici de proposition faite par
l'un, d'abandonner ses prétentions à la foi
de l'autre ; plus de transaction. C'est l'arbi-
traire du tribunal qui, sans la participation

Aɴᴛ. des plaideurs, et en dépit de leur opposition, constitue celui de son choix juge dans sa propre cause.

Une mauvaise interprétation de quelques textes du droit romain, puissamment favorisée par les habitudes du droit canonique, enracina chez nous l'usage du serment *supplétif*. En le conservant, les auteurs du Code civil se sont exposés au reproche d'avoir désaccordé quelques-unes de leurs règles. Ils se défient du témoignage des hommes, au point de ne pas admettre la disposition désintéressée du témoin le plus irréprochable, quand il s'agit d'une valeur excédant 150 fr., et dans toutes les affaires, quelle que soit leur importance, ils autorisent les juges à juger par la bouche d'une partie qui fort rarement aura assez de vergogne pour se condamner elle-même. *Iniquum est aliquem suæ rei judicem fieri* (1).

Si l'action du demandeur n'est pas pleinement justifiée, soit par des preuves véritables, soit par des présomptions graves, précises et concordantes qui, dans certains cas, tiennent lieu de preuves, elle doit être repoussée. Le juge ne doit point disposer du

(1) L. 7, ff. *de judiciis*.

droit litigieux, pour sortir de l'embarras de juger. Art.

En Angleterre, on a fait disparaître, à peu près, l'usage du serment *supplétif*, par le moyen de ces fictions qui changent le caractère d'une action, sans nuire à ses résultats (1). Nous sommes loin, disait Black-stone, de la simplicité des anciens temps, où la loi ne présumait pas qu'on pût se parjurer pour aucun des biens de ce monde.

La jurisprudence anglaise refuse le bénéfice du serment au défendeur contre lequel on allègue, ou désobéissance aux ordres de la justice, ou *trespass*, ou supercherie, ou injure avec violence. De même, les débiteurs et les comptables du roi ne sont point admis à la preuve de leur libération par gage judiciaire, attendu que jurer contre la demande, c'est attaquer et combattre la bonne foi du demandeur. Nos voisins ont donc adopté de nouvelles formes de *writs*, afin d'éluder l'application de l'examen par le serment. « Aussi, à peine y entend-on parler, à présent, d'une

(1) Voyez mon Introduction, chap. 10, page 208 et suiv.

ART. action *de dette* sur un simple engagement; on y supplée par une action de *trespass on the case,* pour l'infraction d'une promesse ou *assumpsit;* et l'on peut, de cette manière, recouvrer, non la dette même, mais des dommages-intérêts (1). »

Blakstone cite beaucoup d'autres exemples de ces transformations d'actions.

Je reviens à notre législation. Le serment *supplétif* déféré par le juge, pour déterminer le montant d'une condamnation, prenait autrefois le nom de serment *en plaids,* ou serment *in litem.* Il est autorisé par l'art. 1369 du Code civil, lorsqu'il est impossible de constater autrement la valeur de la chose demandée. Le juge doit même, en ce cas, fixer la somme jusqu'à concurrence de laquelle le demandeur en sera cru sur son serment : *ut possit tanti reus condemnari, quanti actor in litem juraverit; sed officio judicis debet taxatione jusjurandum refrænari* (2).

Ces précautions sont-elles assez puissantes

---

(1) Blakstone, Comment., liv. 3, chap. 22.

(2) L. 18, ff. *de dolo malo.* Voyez Leprêtre, *centur.* 1, chap. 65, pag. 202; et Danty, *Traité de la preuve par témoins,* pag. 56.

pour fermer tout accès aux abus? *Magna fe-* ᴀʀᴛ.
nestra aperta est malis et imperitis judicibus,
disait Donneau, *pro libidine, pro hoc aut
pro illo pronuntiandi. Quidquid enim pro al-
terutro allatum erit, semper judici color pa-
ratus est ad jusjurandum illi deferendum* (1).

Il y a une grande différence entre le serment *décisoire* que défère la partie elle-même,
et le serment *supplétif* que le juge défère
d'office.

Le premier est une transaction irrévoca-
ble. Le second n'est qu'un jugement qui n'a
point l'autorité de la chose jugée, et dont il
est permis d'appeler, à moins que la valeur
du litige ne soit circonscrite dans les limites
du dernier ressort (2).

Je puis prouver la fausseté du serment que
le juge a déféré à mon adversaire, car ce
n'est pas moi qui m'en suis rapporté à sa foi.
Mais je ne puis accuser de parjure celui que

---

(1) *Comment. de jure civili, lib.* 29, *cap.* 19.

(2) J'examinerai, au chapitre des *Cours royales,*
l'influence que peut avoir sur la *recevabilité* de l'appel, la prestation d'un serment *supplétif* devant le
tribunal inférieur.

j'ai, de mon plein gré, constitué juge dans notre cause, parce que je me suis résigné, sous la condition de son serment, à perdre mon procès.

Le serment *décisoire* déféré par une partie, peut être référé par l'autre. Il n'en est pas ainsi du serment *supplétif* : c'est qu'un serment ne peut être référé qu'à celui qui l'a déféré. Or la délation du serment *supplétif* n'est que le fait du juge.

Le tribunal a la faculté de déférer le serment supplétif à l'une ou à l'autre des parties (1). La loi n'a point donné de règle pour la préférence ; la doctrine des auteurs y a pourvu : dans le doute c'est au serment du défendeur qu'il faut recourir, puisque le demandeur n'a pas pleinement établi son droit. Cependant si la preuve du fait qui sert de fondement à l'action est déjà *considérable*, quoiqu'elle ne soit pas entière, on peut déférer le serment au demandeur, pour compléter ce qui manque. Ou bien encore : si la demande étant bien prouvée, le défendeur propose une exception qui ne l'est pas assez, et qui jette du doute dans l'es-

(1) Art. 1357 du Code civ., § 2.

prit du juge, le serment devra être déféré Art.
au demandeur, attendu qu'il est devenu
défendeur à l'exception, comme on dit au
palais : *in exceptione reus actor factus est.* Puis
viennent les circonstances et les considérations touchant les personnes, et le degré de
de confiance qu'elles méritent ; Dumoulin va
jusqu'à recommander de faire attention, dans
cet examen, au pays qui les a vues naître :
*nam regiones non nunquàm infamant, non
nunquàm prærogativâ quâdam bonitatis jus
prosequuntur.*

Il y avait dans les anciennes mœurs judiciaires une telle vogue du serment, qu'il
n'était pas rare de voir des juges le déférer aux deux parties à la fois, ce qui
devait produire un parjure, pour le moins (1).

C'est parce qu'il s'était engagé dans cette
double voie de perplexité, que messire Houlyer, conseiller du roi, assesseur pour sa
majesté au siége royal de Melle, ne vit d'autre moyen d'alléger sa conscience, après avoir
fait faire le serment à deux plaideurs, que

(1) Voyez Bouvot, tom. 2, partie 1ʳᵉ, vᵒ *Délation
de serment*, quest. 3, pag. 203.

Art. de *déférer le jugement du procès à la provi-*
dence divine, *de prendre* D'OFFICE *entre ses*
doigts deux pailles ou bûchettes, *et d'enjoin-*
dre aux parties de tirer chacune l'une d'i-
celles, *ayant préalablement déclaré que celle*
desdites parties qui tirerait la plus grande
des bûchettes gagnerait sa cause. Lafon-
taine en a fait un conte, mais il n'a point
eu le mérite de l'invention. La sentence fut
prononcée et exécutée le vingt-quatrième
jour de septembre de l'an mil six cent
quarante - quatre. On l'imprima dans le
temps, et c'est d'après un vieil exem-
plaire, que je puis, grâce à l'obligeance de
M. Druet, ancien bâtonnier du barreau de
Melle, aujourd'hui procureur du roi à Fon-
tenay (Vendée), donner en note le texte
entier du jugement *des bûchettes* (1). Il y eut

(1) Entre messire Prud'hommeau, prestre, demandeur en restitution d'une pistole d'or d'Espagne de
poids, et trois pièces de treize sols six deniers légères,
comparant en sa personne et par Marchand d'une
part ;

Contre Pierre Brun et Marie Pérot sa femme, la
dite Pérot en sa personne, assistée de Nau, son
avocat.

Ledit demandeur a dit avoir fait convenir parde-

appel et prise à partie, devant le parlement de Art.
Paris. La discussion fut semée de beaux passages

vant nous les défendeurs, pour se voir condamner
à lui rendre et restituer une pistole d'or d'Espagne
de poids, et trois pièces de treize sols six deniers
légères, qu'il auroit mis en mains cejourd'hui de la
dite Pérot, pour en avoir la monnaye, et payer quatorze sols de dépense. C'est à quoi il a conclu et aux
dépens.

Ladite Pérot assistée dudit Nau, son advocat, re-
connoît avoir eu entre les mains une pistole, laquelle ledit Prud'hommeau lui avoit baillée pour lui
faire peser, mais que lui ayant rendue et mise sur
la table, en présence de Marchand son procureur,
elle fait dénégation de l'avoir reprise, et partant mal
convenu par le demandeur; et pour le regard des
trois pièces de treize sols six deniers légères, recon-
noît les avoir eues, offrant lui rendre, en lui payant
quatorze sols que lui doit ledit Prud'hommeau de
dépense, requérant être renvoyée avec dépens. Et
par ledit Prud'hommeau, en ce qu'il a dit ci-dessus,
il fait dénégation que ladite Pérot lui aye rendu la
dite pistole, ni ne l'avoir vue mettre sur la table, ne
sachant si elle la mit ou non, et ne l'avoir vue depuis.
C'est pourquoi il conclut à la restitution d'icelle et
aux dépens.

Sur quoi et *après que les parties respectivement
ont fait plusieurs et divers sermens, chacun à ses
fins,* et voyant que la preuve des faits ci-dessus

Art. et doctes comparaisons, suivant le goût qui ré-
gnait alors : on disait pour justifier l'assesseur

posés étoit impossible, nous avons ordonné que le
sort sera présentement jeté, et à cet effet avons
d'office pris deux courtes pailles ou *bûchettes* entre
nos mains, enjoint aux parties de tirer chacune
l'une d'icelles; et pour savoir qui commenceroit à
tirer, nous avons jeté une pièce d'argent en l'air, et
fait choysir, pour le demandeur, l'un des côtés de la
dite pièce par notre serviteur domestique, lequel
ayant choisi la teste de la dite pièce, et la croix
au contraire étant apparüe, nous avons donné à
tirer à la défenderesse l'une des bûchettes que nous
avions serrées entre le poulse et le doigt index, en
sorte qu'il ne paroissoit que les deux bouts par
en haut, en déclarant que celle des parties qui
tireroit la plus grande des bûchettes, gagneroit sa
cause.

Etant arrivé que la défenderesse a tiré la plus
grande, Nous déférant le jugement de la cause à la
providence divine, avons envoyé icelle défenderesse
de la demande du demandeur, pour le regard de
ladite pistole, sans dépens, et ordonné que les trois
pièces de treize sols six deniers lui seront rendues,
en payant par le demandeur treize sols pour son
escot, dont ledit Prud'hommeau a déclaré être appelant, et de fait a appelé, et a requis acte à moy
greffier soussigné, qui lui a été octroyé et a signé.

Donné et fait par nous Pierre Saturnin Houlyer

de Melle, que la justice empruntait souvent le ART.
secours du sort, notamment dans les partages ; que les Vénitiens, estimés prudens et
sages politiques, usaient du sort en l'élection
de leur Doge, chose de grande importance;
qu'il ne s'agissait, dans le procès, que d'une
pistole, et que régulièrement *de minimis non
curat prætor;* qu'il y avait grande obscurité,
grande méfiance de la foi de l'une et de l'autre
partie, et que le juge, *tot et tantis fultus
auctoritatibus,* avait pensé ne pas mal faire que
de consulter le sort, et de s'en remettre à la divine providence. Toutefois, on convenait qu'il
paraissait n'avoir pas bien connu la loi suivant laquelle le serment doit être déféré au
plaideur dont le droit est le plus apparent,
et non pas à tous les deux : *in dubiis causis, exacto jurejurando, secundum eum judi-
care* QUI JURAVERIT ; mais on l'excusait en

conseiller du roi, président magistrat, juge ordinaire
civil et criminel assesseur pour sa majesté au siège
royal de cette ville de Melle, ce 24ᵉ septembre
1644.

Nota. On voit que, dans ce temps, on appelait
encore à la face du juge qui venait de rendre le jugement.

ART.

ajoutant que c'était le fait d'une sage et dis-
crète personne, d'avoir eu l'idée d'éclairer
par le sort l'aveuglement de son ignorance.

Nonobstant ces raisons, la sentence *des
buchettes* fut infirmée, et messire Houlyer
déclaré bien et dûment pris à partie (1).

120.

Le jugement qui défère serment, énonce,
dans son dispositif, les faits sur lesquels il
sera reçu (2).

121.

Il n'est guère possible de concevoir un acte
plus *personnel* que le serment, et l'on se demande s'il était besoin de mettre, dans le
Code de procédure, un article portant que le
serment serait fait *par la partie en personne?*
Oui, sans doute, il fallait sur ce point une
disposition expresse, car autrefois on admettait
le serment par procuration; et sans remonter
bien haut, en l'an XI, j'ai vu très-sérieusement
débattre cette question à Poitiers, sur l'appel
d'une sentence du tribunal de Montaigu, qui

(1) Dictionnaire de Brillon, tom. 3, p. 327.

(2) Ce jugement doit être signifié, comme celui
qui ordonne une comparution personnelle. Voyez ci-
dessus pages 470 et 471.

avait permis à un plaideur d'envoyer un mandataire, pour jurer à sa place.

La sentence fut réformée.

C'est à l'audience que le serment est prêté. 121
Toutefois, s'il y a empêchement légitime et
valablement constaté, le tribunal peut commettre un juge, qui se transportera, avec le
greffier, chez la personne à laquelle le serment
a été déféré. Le Code a aussi prévu le cas où
cette personne serait trop éloignée, et il autorise les magistrats qui ont ordonné le serment, à déléguer, pour le recevoir, le tribunal du lieu de sa résidence.

Dans tous les cas, l'autre partie doit être
appelée par acte d'avoué à avoué, pour 121.
assister, si bon lui semble, à la prestation
du serment, et si elle n'a pas constitué
d'avoué, c'est par exploit signifié à son domicile qu'elle est avertie du jour et du lieu où
le serment sera prêté.

Je voudrais qu'il ne pût y avoir d'autre exception au principe de la publicité, et à
l'obligation de jurer devant les juges qui ont
entendu les débats du procès, que celle tirée
de l'impossibilité la plus absolue. Mieux vaut
attendre, que de faire du serment une toile
d'araignée. Le *huis-clos* donne de l'audace

ART. au parjure. Mais à l'audience, tous ces re-
gards dont il se croit percé, une physionomie
qu'il connaît, mille autres qu'il ne connaît
pas, un souffle qu'il prend pour un murmure, le grand jour, la dignité du lieu, tout
doit le mettre à la gêne. Une abjection
extrême peut seule le sauver de la honte.

Henrys nous apprend qu'un seigneur de
Saint-P..., ayant été assigné pour déclarer
s'il n'avait pas promis de faire valoir une
rente jusqu'à certaine somme, le serment
lui fut déféré sur ce point. Il interjeta appel,
et soutint qu'il n'y avait pas lieu de l'obliger
à lever la main, parce que le contrat suffi-
sait pour régler la convention. Son appel fut
rejeté. Alors le seigneur de Saint-P.... donna
pouvoir à un mandataire d'aller faire le serment en son nom, attendu que les gentils-
hommes de marque jouissaient du privilége
de jurer par procuration. Le privilége ne fut
point reconnu. Nouvel appel, nouvel échec.
Forcé de jurer en personne, il produisit des
certificats de maladie, et demanda qu'un juge
fût commis pour venir en son château recevoir
son serment; mais l'adversaire s'y opposa fortement, et consentit à accorder délai jusqu'au rétablissement du malade. Enfin, après

un troisième appel, le seigneur de Saint-P...., qui avait offert de prêter serment par procuration, ou de le prêter lui-même dans son château, aima mieux demeurer d'accord du fait litigieux, et payer ce qui lui était demandé, que de venir jurer à l'audience (1).

Ni le Code civil, ni le Code de procédure, ne donnent la définition du serment, et ne prescrivent de formes pour le faire.

L'usage le plus ancien et le plus simple était de lever la main; ainsi du moins fut prononcé le premier serment dont la connaissance soit venue jusqu'à nous : J'en lève la main devant le Seigneur, le Dieu très-haut, dit Abraham; *levo manum meam ad Dominum Deum excelsum, possessorem cœli et terræ. Genes. cap.* 14.

Mais la diversité des religions et des sectes a fait imaginer des rites divers, et chacune a dû se formuler une manière de jurer.

Celui auquel un serment a été déféré, doit-il être obligé de le prêter suivant le mode adopté par le culte qu'il professe? Cette question souvent agitée n'a pas toujours été réso-

(1) Henrys, tom. 1, liv. 4, chap. 6, Quest. 22.

ART. lue dans le même sens (1). On l'a tissue comme un canevas, pour y broder fort richement les plus belles maximes de l'égalité civile et de la liberté religieuse. C'est beaucoup trop de luxe pour un point fort simple. Veut-on conserver encore l'usage du serment en justice? ou veut-on le supprimer? Tout se réduit là.

Le serment est une cérémonie destinée à porter la sanction religieuse au plus haut degré de force possible; or ce sera la plus vaine des cérémonies et la plus faible des sanctions, si vous dispensez celui qui doit jurer, des formes et des invocations que sa croyance a consacrées.

Adoptez franchement, au lieu de cette hypocrite liberté, le système de Bentham (2); supprimez le serment judiciaire, et ne faites lever la main à personne, puisque la foi des

(1) Sirey, 9—2—235; 10—1—240; 16—2—55; 17—2—315.

Mémorial de Jurisprudence de M. Tajan, t. 14, p. 100.

M. Merlin, Répertoire, v° *Serment*, et Questions de Droit, *eodem verbo.*

M. Toullier, t. 10, p. 569.

(2) Traité *des Preuves judiciaires*, tome 1er, chap. 12.

uns y serait engagée, et celle des autres point. Art.
Alors une simple affirmation sera substituée
au serment, la sanction morale à la sanction
religieuse , et le mensonge ordinaire à la
profanation.

A Genève, comme chez nous, l'usage du
serment a été maintenu ; mais on y met plus
de solennité. Le président, en audience publique, expose nettement à la partie qui est
appelée à jurer, les faits sur lesquels le serment a été déféré , et lui rappelle les peines contre le parjure. Cette admonition n'est .
pas immédiatement suivie du serment; on le
remet à un autre jour. On ne place point
brusquement un homme entre sa conscience
et la honte de rétracter ses premières paroles; on lui ménage, à la fois, un intervalle
pour réfléchir, et une ressource pour se désister doucement, sans bruit, en s'abstenant
de revenir à l'audience indiquée (1). L'expérience a justifié ces précautions.

Autre question. La personne à qui le serment a été déféré est morte avant de l'avoir
prêté; la délation du serment sera-t-elle regar-
dée, dans tous les cas, comme non avenue?

(1) Voyez l'Exposé deM. Bellot, p. 114.

Il y a encore controverse :

Les choses rentrent dans leur primitif état, disent les auteurs du Praticien Français (1); le jugement qui ordonne le serment ne peut plus être exécuté, attendu que tout, ici, étant personnel, l'héritier ne peut représenter le défunt.

Lapeyrère, lettre S, p. 413, avait décidé au contraire, que le serment devait être réputé avoir été fait, lorsqu'il n'avait pas tenu à la partie décédée qu'elle ne l'eût prêté.

M. Carré rejette l'opinion de Lapeyrère, pour se ranger à celle du Praticien Français. Il veut que l'on dise d'une condamnation ce qu'on dirait d'une obligation qui reste sans effet, lorsque la condition sous laquelle elle a été contractée ne s'accomplit pas ; et il ajoute : « Si par l'événement du décès ou de l'incapacité de la partie à qui le serment était déféré, la condition ne peut être remplie, par quel motif ce serment serait-il censé prêté? N'est-il pas dans l'ordre des choses possibles que celui qui aurait déclaré être prêt à jurer, soit retenu par le cri

---

(1) Tom. 1ᵉʳ, pag. 388, aux notes.

de sa conscience, au moment de consommer Art.
un crime, en faisant un faux serment (1)? »

Un arrêt de la Cour de Douai du 26 mai
1814 répond à cette dernière considération.
« Si la somme réclamée par le défunt ne lui
avait pas été due, cette crainte qu'on suppose
l'avoir empêché de jurer, l'eût, aux approches
de la mort, déterminé à se désister d'une
prétention injuste (2). »

Lapeyrère n'est point le seul parmi nos
anciens auteurs qui se soit occupé de la
question. Dumoulin avait dit sur la loi 3 au
Code de *jurejurando* : *Juramentum à judice
delatum defuncto, sed nundùm præstitum ab
illo, non potest objici per defuncti hære-
dem* (3). La même décision se trouve dans
l'Enchiridion d'Imbert, sous le mot *jusjurandum.* C'est la règle générale. Toutefois elle
n'a jamais été appliquée que dans le cas d'une
négligence imputable au défunt. Ainsi jugé,
en 1672, par le parlement de Bordeaux, dans
une affaire où la partie qui devait jurer
avait été *comminée*; mais le même parle-

(1) Lois de la procédure, t. 1, p. 279.
(2) Sirey. 15 - 2 - 234.
(3) T. 3, p. 637, *column.* 1.

Art. ment décida autrement l'année suivante, attendu que celui au préjudice de qui le serment devait être fait, avait empêché l'autre partie de le prêter avant son décès, en l'arrêtant *par des appels, des requêtes civiles, et des subterfuges* (1).

C'est à des circonstances de cette nature que se rattache l'exception de Lapeyrère, qui consiste à faire jurer les héritiers à la place du défunt, *en tant qu'ils peuvent savoir le fait*; et c'est encore la distinction à laquelle il faut se tenir aujourd'hui (2).

En s'attachant à la stricte pureté des règles, il ne devrait pas être permis aux juges d'accorder des délais pour l'acquittement des condamnations qu'ils prononcent; leurs fonctions consistent à ordonner l'exécution des conventions légalement formées, et non à les modifier. Ces observations furent faites par le Tribunat lors de la discussion du Code civil, mais elles ne prévalurent point, et l'article 1244 passa comme il suit :

(1) Dictionn. des arrêts de Prost de Royer, t. 3, pag. 384.

(2) M. Toullier, t. 10, p. 490 et suiv.

« Le débiteur ne peut point forcer le créancier à recevoir en partie le paiement d'une dette même divisible.

» Les juges peuvent *néanmoins*, en considération de la position du débiteur, et en usant de ce pouvoir avec une grande réserve, accorder *des délais* modérés pour *le paiement*, et surseoir l'exécution des poursuites, toutes choses demeurant en état (1). »

La place du principe et de cette exception, qui s'y trouve juxta-posée pour en tempérer la rigueur, était naturellement marquée dans le Code civil, au chapitre de *l'extinction des obligations*; mais le mode d'application appartenait au Code de procédure :

« Dans le cas où les tribunaux peuvent accorder des délais, pour l'exécution de leurs jugemens, ils le feront par le jugement même qui statuera sur la contestation, et qui énoncera les motifs du délai. »

Accorder un délai par un second jugement, ce serait corriger le premier, ce serait d'une cause en faire deux, et renverser un droit so-

ART.

122.

(1) Plusieurs *délais* peuvent être accordés pour le aiement, ce qui suppose la faculté de le diviser.

ART. lennellement acquis. *Ampliùs judex corrigere sententiam suam non potest : semel enim malè seu benè officio functus est* (1). Laissez un débiteur condamné revenir devant le tribunal, pour solliciter des délais, et vous verrez s'amonceler tous les abus des anciennes *lettres de répit* (2). Plus ne sera de sentence dont l'exécution puisse être *parfournie*, comme on disait au temps passé, et les créanciers se consoleront avec ces paroles de l'évangile : *mutuum date, nil indè sperantes.*

Toutefois les juges de commerce ne peuvent donner de surséance, lorsqu'il s'agit de lettres de change et de billets à ordre (3).

Il est assez généralement reconnu, quoique la Cour d'Aix et celle de Bordeaux aient émis

***

(1) L. 55, ff. *de re judicatâ.*

(2) Les lettres de répit étaient des lettres de surséance que délivrait la chancellerie ; on les appelait ainsi *a respirando*, parce qu'elles faisaient respirer les débiteurs. Elles nous étaient venues de Théodorio, roi d'Italie et des Goths. Voyez Cassiodore, *lib.* 2, *variar.*, *cap.* 38 ; l'ordonnance de 1535, chap. 8, art. 32 et 33, et celle du mois d'août 1669, tit. 6.

(3) Code de com., art. 157 et 187.

Voyez aussi les art. 1656 et 1657 du Code civil.

une opinion contraire (1), que les juges peu- Art.
vent seulement accorder des délais à un débiteur, dans le cas d'une condamnation qu'ils
prononcent contre lui, et non lorsque la dette
est déjà reconnue dans un acte authentique, incontesté, et exécutoire par sa propre force. Les doutes que la rédaction iso-
lée de l'article 1244 du Code civil avait pu
faire naître à cet égard, n'ont plus de prétexte raisonnable depuis l'apparition du Code
de procédure : c'est par le jugement même
qui *statue sur la contestation*, que le délai doit
être donné; il faut donc qu'il y ait eu re- 122.
cours à un tribunal, et jugement demandé.
Or celui qui a dans sa main un titre exécutoire n'a pas besoin de jugement.

Et rien n'est plus juste. Si je prête sur un
simple billet, je m'abandonne à la bonne foi
de mon débiteur; je m'expose à la nécessité
de le poursuivre, après le jour de l'échéance,
afin d'obtenir des juges les garanties et les
moyens d'exécution que j'ai négligé de prendre. Il faut bien que je me soumette aux
tempéramens qu'ils y pourront apporter.
Mais quand je me suis armé des plus sévères

(1) Sirey, 14-2-257 et 373.

Art. précautions, quand la loi a revêtu d'avance le titre que j'ai choisi, de toute l'authenticité et de toute la vigueur exécutoire d'un arrêt, il n'est pas permis aux magistrats de faire intervenir leur autorité, pour suspendre ou pour modifier l'exercice d'un droit que je ne tiens pas d'eux.

123.   Le délai que les tribunaux peuvent accorder en jugeant, s'appelle *délai de grâce*. Il commence du jour de la prononciation, si le jugement est contradictoire, attendu que le débiteur doit connaître, dans ce cas, la faveur qu'il a obtenue. Si le jugement a été rendu par défaut, le délai ne prend son cours qu'à partir du jour de la signification, parce que, jusque-là, le défaillant est réputé ne pas savoir ce qui a été prononcé.

Il résulte expressément de cette dernière disposition que le délai de grâce peut être donné d'office.

Cependant M. Pigeau a prétendu que le délai devait toujours être demandé (1), ce qui me paraît fort difficile à concilier avec l'hypothèse d'un jugement par défaut.

M. Carré, pour justifier l'avis de M. Pi-

(1) T. 1, p. 515.

geau, propose une distinction : il pense que Art. la loi, en parlant du délai de grâce pour l'exécution d'une condamnation prononcée par défaut, ne s'applique point au défendeur qui n'a pas comparu sur l'ajournement, mais à celui qui, s'étant d'abord présenté, *a requis le délai par ses défenses*, et s'est ensuite abstenu de plaider.

Cette distinction est tout-à-fait en dehors de la question.

Le débiteur qui comparaît et qui, dans ses écritures, requiert un délai pour payer, ne peut faire de sa dette une reconnaissance plus formelle. Certes le jugement qui intervient, dans cet état de choses, n'est point un jugement par défaut, quand même il n'y aurait pas eu de plaidoirie.

Je ne puis concevoir de condamnation par défaut que celle qui a été prononcée *contra inauditum*, soit parce que le défendeur n'a pas constitué d'avoué pour le représenter, soit parce que son avoué n'a rien dit, ni rien écrit, pour faire rejeter ou modifier les conclusions du demandeur (1).

_____

(1) Voyez au chap. suiv.

Art.   Or, donner un délai qui n'a pu être demandé, c'est le donner d'office.

La conséquence est inévitable. Elle s'agence parfaitement d'ailleurs avec le système du Code touchant les jugemens par défaut ; car un tribunal ne doit adjuger les conclusions d'une partie, dans l'absence de l'autre, que *s'il les trouve justes et bien vérifiées ;* et cette vérification des circonstances de l'affaire et de la position du *défaillant*, peut conduire les magistrats à trouver juste de lui accorder un délai pour l'acquittement de sa dette.

L'article 1188 du Code civil veut que le bénéfice du terme ne puisse être invoqué, lorsque les sûretés données au créancier par le contrat viennent à être compromises, de quelque manière que ce soit.

Le Code de procédure a dit la même chose pour le délai de grâce. Les juges ne doivent l'accorder qu'au débiteur dont la foi n'est pas suspecte, et qui n'a besoin que de cette allégeance pour arriver à sa libération : il cesse d'en jouir, s'il est poursuivi d'un autre côté ; si la vente de ses biens est provoquée ; s'il est constitué prisonnier, ou déclaré failli ; enfin si, par toute autre cause, il tombe dans

un état tel, que le sursis tournerait évi- Arт.
demment à la perte d'un droit légitime.

Le délai de grâce n'a d'autre effet que
celui de suspendre des rigueurs dévorantes, et
d'arrêter cet ouragan de poursuites qui sub-
merge toute la fortune d'un malheureux, auquel un peu de calme aurait permis de surgir
au port. *Si dies nec dùm effluxit, creditor
ad solutionem ante agens, et plus tempore
petens, repellitur* (1).

Mais en donnant à l'un le temps de
rassembler paisiblement les ressources qui
doivent éteindre sa dette, la loi n'a point
voulu interdire à l'autre la faculté d'agir pour
conserver son droit, et pour en assurer l'exercice. Ainsi je puis, en attendant l'expiration
du délai, frapper d'une inscription hypothé-
caire les immeubles de mon débiteur (2),
m'opposer à ce que le partage d'une succession qui lui est échue se fasse hors de ma présence (3), saisir les sommes qui lui sont
dues, et demander qu'elles soient versées en

---

(1) *Joannes a Sande*, Recueil des arrêts du sénat
de Frise, liv. 2, tit. 3, déf. 4.

(2) Code civil, art. 2123.

(3) *Ibid.*, art. 882.

mes mains, aussitôt qu'il me sera permis d'aller en avant. Toutes ces précautions ont pour objet de maintenir les choses dans un état de sûreté, sans porter atteinte aux conditions du *statu quo*, en ce qui concerne les poursuites d'exécution.

De même qu'il est permis aux juges de tempérer, suivant la position des personnes et des choses, les rigueurs trop hâtives de l'exécution de leurs sentences; de même ils peuvent renforcer, dans certains cas, la sévérité des règles ordinaires, et donner à saisir non-seulement les meubles et les immeubles de la partie condamnée, mais encore sa liberté, son corps.

Je devrais, fidèle à mon plan, placer ici l'histoire de cette procédure, inévitable début du lion antique sur lequel on a posé depuis le pied de la Justice, et tracer l'esquisse de ces mœurs rudes, bizarres, qui permettaient au créancier d'emprisonner, de torturer le débiteur, alors qu'elles défendaient de prendre en gage ses armes et sa charrue (1). Puis arrivant à l'époque où l'on comprit mieux la

(1) Diodore, *lib.* 1, *part.* 2, *cap.* 3.

valeur de l'homme, je dirais comment les
puissantes théories de la liberté parvinrent
à se faire jour dans les ténèbres de la pratique, et comment, en matière civile, la contrainte par corps cessa d'être une règle générale, pour descendre au rang des plus
étroites exceptions.

Mais j'ai déjà consacré beaucoup de pages
à ce qui touche *les jugemens*, et ce vaste sujet réclame encore d'autres explications.
Mieux vaut renvoyer les développemens de
la *contrainte par corps* au chapitre de *l'emprisonnement*. Peut-être, avant que j'arrive
à cette partie du Code, le temps que presse
si fort l'ardeur de nos progrès, aura-t-il fait
disparaître le principe lui-même.

Toutefois je ne veux pas traverser un
seul article, qu'on me pardonne l'expression, sans m'arrêter un peu à ce qui doit
être défini, préparé, et sans indiquer du
moins les maximes de droit qui s'y rattachent.

La contrainte par corps est l'emprisonnement que le créancier fait faire de la personne
de son débiteur, pour le forcer à payer. Elle
fut abolie le 9 mars 1793, comme attentatoire
aux droits de l'homme. Les prisons s'ouvri-
rent aux débiteurs, pour faire place aux sus-

Art.

Art. pects, car ce fut le lendemain que l'on décréta l'établissement du tribunal révolutionnaire.

Cependant le besoin de faire rentrer le commerce dans le sein de la probité se fit bientôt sentir. On reconnut que la contrainte n'était point une aliénation du corps, mais une garantie de fidélité, et que si le citoyen met sa vie même en gage pour sûreté de ses engagemens envers la société, il était assez naturel qu'il donnât une garantie sur sa personne, pour assurer l'acquittement exact de ses obligations. La liberté consiste dans un droit égal à la protection des lois, et non dans le droit de n'être jamais incarcéré.

La contrainte par corps fut donc rétablie le 24 ventôse an 5, puis organisée par la loi du 15 germinal an 6. Le premier titre de cette loi traitait *de la contrainte par corps en matière civile*, le second *de la contrainte par corps en matière de commerce*, et le troisième *du mode d'exécution des jugemens emportant contrainte par corps.* C'était un ensemble complet (1).

Mais le Code civil vint en détacher la

_____

(1) Sauf en ce qui touchait les étrangers. Cette

part des *matières civiles*; puis le Code de
procédure s'empara du *mode d'exécution*,
pour en composer son titre de *l'emprisonne-*
ment. On devait s'attendre à voir le Code de
commerce évoquer à son tour, et classer parmi
ses articles, les autres dispositions d'un système qui semble lui appartenir plus spécialement. Cette attente a été trompée. Le Code
de commerce n'a point de titre sur la contrainte par corps; il ne fait là-dessus que
se référer aux lois existantes. Ainsi, pour les
matières commerciales, il faut aller chercher
ce qui reste encore du cisaillement de la loi
du 15 germinal an 6.

La contrainte par corps est *légale*, lorsque
la loi *ordonne* (1) ou *permet* (2) aux juges de la
prononcer.

omission fut réparée quelques jours après, par une
autre loi du 4 floréal an 6. J'en parlerai au chapitre
de l'emprisonnement.

(1) Cod. civ., art. 2059 et 2060; Cod. de proc.,
art. 191, 221, 164, 603, 604, 690, 712, 714, 744,
824, 839; et la loi du 10 septembre 1807, art. 1er,
relative aux étrangers non domiciliés en France.

(2) Cod. civ., art. 2060, § 5, 2061 et 2062;
Cod. de procéd., art. 107, 126, 127, 201, 213,
320, 534; et la loi, ci-dessus citée, du 10 septembre
1807, art. 2 et 3.

 Art. Elle est *conventionnelle*, lorsqu'elle est formellement stipulée dans un contrat. Cette stipulation n'est autorisée que pour les obligations d'un fermier de biens ruraux, et pour les engagemens de la caution d'un contraignable par corps. Le fermier qui dispose des fruits sans acquitter sa dette envers le propriétaire, commet une infidélité que les lois romaines assimilaient au larcin (1). Quant aux cautions des contraignables par corps, il était juste de leur appliquer ce vieil adage, que l'*accessoire suit le sort du principal.*

En général, dans cette lutte entre la propriété et la liberté, la loi n'a fait au maintien de l'une, le sacrifice de l'autre, que pour des cas où l'intérêt privé d'un créancier concourt avec des circonstances assez puissantes d'intérêt public. C'est l'esprit que l'on sent respirer au fond de toutes les exceptions qui admettent la contrainte par corps, en matière civile (2). J'y reviendrai plus tard.

(1) L. 61 , § 8 , ff. *de furtis.*
(2) Voyez l'exposé des motifs du titre du Code civil, sur la contrainte par corps, par M. Bigot de Préameneu.

La contrainte par corps ne peut être ART.
exercée qu'en vertu d'un jugement, quoique
déjà le poursuivant soit armé d'un acte
exécutoire. Cette disposition donne, à la fois,
une garantie contre les abus qui pourraient
être commis, et quelques jours de délai pour
l'acquittement de la dette.

La rigueur de la contrainte serait exces-
sive, s'il s'agissait d'une somme moindre de
3oo francs. Un intérêt aussi modique ne 126.
peut jamais avoir assez d'influence sur la
fortune du créancier, pour qu'on lui abandonne en gage le corps du débiteur.

Hors le cas de stellionat, il est défendu
aux juges de la prononcer contre les septua-
génaires, contre les femmes et les filles ;
pour celles-ci, la loi romaine disait que les
bonnes mœurs sont intéressées à ce qu'on ne
les mette pas dans une telle dépendance
de leurs créanciers. *Ut non per hujus modi
occasiones, inveniantur circa castitatem inju-
riatæ* (1).

Chez les Anglais, l'exécution de tout juge-
gement entraîne la contrainte par corps, au
moyen d'un writ de *capias ad satisfacien-*

_____

(1) *Nov.* 134, *cap.* 9.

Art. *dum* (1). Toutefois un statut de Georges III
a limité à vingt jours la durée de la déten-
tion, lorsque la dette n'excède pas vingt
schellings, et à quarante jours, lorsqu'elle
n'excède pas quarante schellings. Mais si la
condamnation est de quarante et un schellings, et si le débiteur est hors d'état de
payer, l'emprisonnement peut durer toute
sa vie.

Nous devons être fiers de notre législation, en la comparant à ce vieux culte de
nos voisins pour les traditions du moyen âge.
Chez nous, la contrainte par corps n'est admise, au civil, que comme une stricte exception, dans certains cas spécifiés (2). « Hors

---

(1) Il faut distinguer le writ de *capias ad sa-
tisfaciendum*, ou d'exécution, du writ de *capias ad respondendum*, qui s'obtient pour forcer
le défendeur à comparaître au commencement du
procès.

(2) En matière de commerce la contrainte par
corps est de règle générale. Outre que le créancier
s'est plus confié à la personne du débiteur qu'à ses
biens, l'inobservation d'un seul engagement peut en
faire manquer beaucoup d'autres, et ruiner ainsi le
crédit de toute une place, de tout un pays. Il importe
donc que la loi s'arme de sa plus sévère puissance
pour faire respecter la foi commerciale.

ces cas, dit l'article 2063 du Code civil, il Art. est défendu à tous juges de la prononcer, à tous notaires et greffiers de recevoir des actes dans lesquels elle serait stipulée, et à tout Français de consentir pareils actes, même en pays étrangers ; le tout à peine de nullité, dépens et dommages et intérêts. »

La contrainte est une peine ; elle s'éteint par la mort du contraignable, et ne peut être exercée sur la personne de ses héritiers. Il n'y a plus alors que les biens qui restent affectés.

Les rédacteurs du Code civil ne conservèrent point les dispositions de l'ordonnance de 1667, qui soumettait, *de plein droit,* à la contrainte par corps les administrateurs du bien d'autrui, pour reliquat de leurs comptes, et tous autres plaideurs, pour dommages et intérêts, restitution de fruits, et dépens, après quatre mois de la condamnation obtenue contre eux (1). « N'est-ce pas assez, disait-on, que le tuteur réponde sur ses biens d'une administration que la loi lui a imposée, ou qu'il a acceptée par affection ? Faut-il encore que le mineur puisse atten-

(1) Tit. 34, art. 2 et 3.

Art. ter à la liberté de celui qui lui servit de père (1)? »

En discutant le Code de procédure, on est revenu à des idées plus positives. L'histoire de tous les siècles et de tous les pays témoigne hautement qu'un tuteur, un curateur, un administrateur, ne sont pas toujours les fidèles images d'un bon père de famille, et que les dommages-intérêts encourus par un plaideur cauteleux, sont le plus souvent une peine dont se jouent la chicane et l'astuce. Toutefois le Code de procédure n'a point rendu au créancier le droit de faire exécuter son jugement par corps, après les quatre mois ; mais il a donné aux juges la faculté de décerner, ou de ne décerner pas la contrainte par corps, suivant la variété des circonstances, la bonne ou la mauvaise foi du débiteur, et la nature de l'affaire.

Il est dit au titre des jugemens :

126. « La contrainte par corps ne sera prononcée que dans les cas prévus par la loi. *Il est*

_____

(1) Rapport fait au Tribunat par M. Gary, sur le titre de la contrainte par corps.

néanmoins laissé à la prudence des juges de Art.
la prononcer :

» 1° Pour dommages et intérêts en matière civile au-dessus de la somme de 300 francs ;

» 2° Pour reliquats de compte de tutelle, curatelle, administration de corps et communautés, établissemens publics, et toute administration confiée par justice, et pour toutes restitutions à faire, par suite desdits comptes (1). »

« Les juges pourront, dans les cas qui viennent d'être énoncés, ordonner qu'il sera sursis à l'exécution de la contrainte par corps, pendant le temps qu'ils fixeront : après lequel elle sera exercée *sans nouveau jugement.* Ce sursis ne pourra être accordé que par le jugement qui statuera sur la contestation, et qui énoncera les motifs du délai. »

Ainsi tout doit être réglé d'avance par

____

(1) Pourvu que le reliquat et les restitutions montent à plus de 300 francs. La contrainte par corps ne peut jamais être prononcée pour une somme moindre, en matière civile. Voyez les arrêts cités au Répert. de M. Favard, v° *jugement*, section 1, § 2, n° 8.

Aʀᴛ. le jugement qui porte la condamnation principale ; point de nouveaux procès , point de conclusions nouvelles , ni pour la contrainte , ni pour le sursis , ni pour l'exécution après l'expiration du terme fixé.

La contrainte par corps ne doit être prononcée que lorsqu'elle a été demandée ; mais le sursis peut être donné *d'office* , car les juges ont la faculté de modifier ce que la loi leur permet de refuser en entier.

Autrefois on emprisonnait pour les dépens, après les quatre mois de la sentence , bien que la contrainte ne fût , sous aucun rapport, applicable à l'objet principal de la condamnation (1). C'était un frein contre la fougueuse témérité des plaideurs , *ad coercendam in litibus movendis temeritatem.* On a vu des enfans contraints par corps , à raison de dépens faits contre leur père , après la mort duquel ils avaient repris une instance (2).

Cette rigueur déraisonnable ne se trouve

(1) Ordon. de 1667, t. 34 , art. 2.

(2) Arrêt du 27 novembre 1687 rapporté par Bornier, tom. 1 , pag. 323.

point dans nos Codes (1). Il est vrai, en gé- A<small>RT</small>.
néral, que les dépens sont la peine du plai-
deur téméraire, mais il n'est pas moins
constant que la plupart des procès sont mus
par des doutes qui s'élèvent de bonne foi
dans l'esprit des plaideurs; que ces doutes
sont entretenus par l'imperfection d'une
foule de textes, par la diversité des avis, et
que la loi elle-même veut que l'on s'adresse
aux tribunaux, parce que nul n'a le droit
de se faire justice. Les dépens sont dus
par la partie qui perd son procès, pour
que celle qui le gagne soit rendue indemne
des frais qu'elle a été obligée d'avancer :
propter litem, et non propter crimen. Ce sont
les dommages et intérêts qui réparent les
préjudices réels et les vexations outra-
geuses.

Les dépens se composent des émolumens
ou salaires des officiers judiciaires que les
parties sont obligées d'employer, des droits
que le fisc perçoit sur les divers actes du
procès, et des frais de voyage (2).

---

(1) Sirey, 1810—1-64, et 1817—1-225.

(2) Voyez ci-après le chapitre de *la Liquidation
des dépens et frais.*

Aʀᴛ.   Pendant un long temps, en France, il n'y
eut point de condamnation de dépens; mais
à fin de réprimer la passion des procès, on obligeait chacun des litigateurs à déposer en gage
la valeur du dixième des choses contestées.
Après le jugement, le vainqueur retirait son
gage, et le fisc prenait celui du vaincu, à titre
d'amende (1). Il y avait, dans cet usage, une
analogie frappante avec l'antique action du
sacramentum, dont parle Gaïus en son qua-
trième commentaire, § 13 : *Qui victus erat*
summam sacramenti præstabat pœnæ nomine,
eaque in publicum cedebat, prædesque eo no-
mine pretori dabantur.

Les juges d'église seuls condamnaient aux
dépens dans leurs tribunaux, parce que seuls
ils avaient conservé quelques traditions du
Code de Justinien : *Omnes judices sciant vic-*
tum in expensarum causá victori esse condem-

(1) Voyez le chap. 30 des formules de Marculfe,
et surtout les notes de Jérôme Bignon sur ce chapitre.

Voyez aussi l'ordonnance rendue pour la réformation des mœurs dans le Languedoc, en décembre
1254, chap. 29, au Receuil de MM. Isambert, Jour-
dan et Decrusi, t. 1, p. 272.

nandum(1). La partie qui succombait, dans les justices séculières, était assez punie par des amendes envers le seigneur et ses pairs, ou par l'événement du combat, quand l'affaire se devait vider en champ clos. « L'en ne rend pas les despens par la coustume de cour laie ; mais, en la cour de chrestienté, les rend cil qui enchiet de quelque cause que ce soit (2). »

Cependant lorsqu'on vint à suivre les établissemens de saint Louis, à plaider sans se battre, et à appeler sans fausser le jugement (3), l'art nouveau de la procédure amena la nécessité de recourir à des conseils, d'instruire les causes, de faire des frais ; et l'on admit, dans les usages de Paris, d'Orléans, de Touraine et d'Anjou, plusieurs cas où « cil qui perdoit son procès devoit rendre à l'autre ses dépens et ses coûts (4). »

Charles le Bel, par son ordonnance de janvier 1324, introduisit en tous les pays de coutume la règle du droit écrit *victus*

(1) *Cod.*, *L.* 13, § 6, *de judiciis*, et *L.* 5 *de fructibus et litium expensis*.

(2) Beaumanoir, chap. 33, p. 171.

(3) Voyez mon Introduction, tom. 1, chap. 15, p. 427, 431 et 432.

(4) Etablissemens, chap. 65 et 92.

Art. *victori*, ainsi que Loisel le fait très-bien observer par Estienne Pasquier, dans son Dialogue des avocats (1).

Sane cùm hactenus ab olim, dit le roi, *in multis regni Franciæ partibus, consuetum fuit expensas inter litigantes, coram secularibus judicibus, non refundi ; nos præmissis inconvenientibus obviare, nostrorumque providere subditorum indemnitatibus cupientes, hâc irrefragabili perpetuò valiturâ constitutione sancimus, ut in omnibus et singulis nostris, ac prælatorum, baronum, nobilium et aliorum subditorum nostrorum secularibus curiis,* VICTUS VICTORI, *in expensis causarum de cetero condemnetur ad integram earum refusionem, taxatione judicis.....* (2).

Les ordonnances rendues depuis sur le fait de la justice ont confirmé ces dispositions, et le Code de procédure a répété à son tour : « Toute partie qui succombera sera condamnée aux dépens. »

Si les plaideurs succombent respectivement sur quelques chefs du procès, on peut *compenser* les dépens *en tout* ou *en partie* : c'est-à-

131.

(1) Deuxième conférence.
(2) Ordonnance du mois de janvier 1324.

dire que chacun d'eux restera chargé des frais qu'il a faits; c'est la compensation simple ; ou que le gagnant n'aura de répétition à exercer envers son adversaire, que pour la moitié, le tiers, le quart de ses dépens, selon que les divers points de ses conclusions auront été trouvés plus ou moins bien justifiés; c'est la compensation proportionelle. Il y avait quelque chose d'approchant dans la loi 5, au Code *de fructibus et litium expensis.*

La loi admet un autre motif de compensation des dépens : celui-là ne se tire point de la légitimité relative des prétentions, mais de certains rapports de parenté et d'alliance ; comme si la contestation était engagée entre deux époux, entre un père et son fils, entre deux frères, ou entre des alliés au même degré. Adjuger les dépens à l'un, c'est lui décerner le triomphe de l'instance, et cette immolation de l'amour-propre de l'autre peut jeter dans la famille le germe d'un implacable ressentiment.

Il est encore des cas où la partie qui aurait dû gagner, soit la totalité, soit une portion de ses dépens, se voit condamnée à les supporter en entier, et à payer ceux de son adversaire. C'est lorsque, abstraction faite du

Aᴵ. fond du droit, elle s'est rendue coupable d'injures et de vexations inutiles. Dans ces circonstances, que les juges apprécient, ils ont la faculté de mettre tous les dépens à sa charge, pour tenir lieu des dommages et intérêts auxquels elle s'est exposée. J'ai dit :

137. *abstraction faite du fond du droit*, parce que très-évidemment, si cette partie n'eût pas dû être exempte des dépens, en ne considérant que le droit, la condamnation ne tiendrait plus lieu de dommages et intérêts. Il y aurait double emploi. Remarquez aussi que la contrainte par corps peut être prononcée pour ces dépens, *transformés en dommages et intérêts*, s'ils excèdent la somme de 3oo fr. ; cette observation se concilie aisément avec le principe émis ci-dessus (page 535), que notre législation n'autorise point la contrainte par corps pour les *véritables* dépens.

Ordinairement on juge que les frais d'un partage fait en justice, et ceux des opérations préliminaires de scellé, d'inventaire, d'expertise, seront pris sur la masse, et supportés par les copartageans, *pro modo emolumenti,* à moins que l'un d'eux n'ait élevé quelque contestation mal fondée. Alors il doit être condamné aux dépens faits sur son incident. Ceci

s'applique à toutes les matières et à tous les ART.
incidens *qui sont définitivement jugés,* quelque
soit le sort à venir de l'action principale.
Les incidens sont des épisodes qui se traitent
à part, et qui se vident *par préalable,* comme
dit la loi (1).

Les tribunaux se réservent de statuer, en
définitive, sur les dépens, lorsque, sans
trancher aucune des questions de la cause,
ils se bornent, avant de faire droit, à prescrire une mesure préparatoire, ou à ordonner une preuve, une vérification : car on
ne sait pas encore laquelle des parties succombera.

Les dépens sont personnels. La condamnation obtenue contre des plaideurs qui ont fait
cause commune, se divise entre eux par tête,
pro numero succumbentium. Elle ne peut être
prononcée ni exécutée *solidairement,* parce
que chacun a plaidé pour son compte, et ne
doit porter d'autre peine que celle de sa
propre témérité. On trouve deux ou trois
arrêts contraires, mais ils ne sont pas sui-

---

(1) Sauf les cas où ils s'identifient avec le fond du
procès et doivent y être joints. J'expliquerai cela au
chapitre *des Incidens.*

Aᴿᴛ. vis (1). « La solidarité ne se présume point, il faut qu'elle soit *expressément* stipulée, dit l'art. 1202 du Code civil ; cette règle ne cesse que dans les cas où la solidarité a lieu de plein droit, en vertu d'une disposition de la loi. » Or, plaider collectivement, ce n'est pas stipuler *expressément* la solidarité des frais, en cas de perte. Il y a bien un texte du Code pénal qui soumet de plein droit à cette solidarité tous les individus condamnés pour un même crime, ou pour un même délit (2), mais, en matière civile, une pareille disposition n'existe point.

Le créancier qui assigne tous ses débiteurs solidaires divise son action ; la somme des dépens se partage entre eux, *ex causâ judicati* : par conséquent la portion des insolvables, s'il y en a, n'accroît point la charge des autres. *Paulus respondit eos qui unâ sen-*

---

(1) Voyez M. Berriat-Saint-Prix, tom. 1, p. 158, à la note ; M. Carré, Lois de la procédure, tom. 1, pag. 308 ; le Répertoire de M. Merlin, vᵒ *dépens* ; le Répert. de M. Favard, vᵒ *jugement*, sect. 1ʳᵉ, § 2, nᵒ 11, le Comment. de M. Pigeau sur l'art 130 du Cod. de procéd., et le Recueil périodique de Dalloz, t. 25-1-133, à la note.

(2) Art. 55.

ART.

tentiâ in unam quantitatem condemnati sunt,
pro portione virili ex causâ judicati conveniri ;
et si ex sententiâ adversùs tres dictâ, Titius
portionem sibi competentem exsolvit, ex per-
sonâ cæterorum ex eâdem sententiâ conveniri
non posse (1).

Cependant le rédacteur du Journal des
Avoués demande : « s'il est bien convenable
qu'il n'y ait pas solidarité pour tout ce qui
est l'accessoire indispensable d'une obligation, quand il y a solidarité pour cette
obligation (2). »

La question porte à faux. La condamnation
de dépens n'est pas l'accessoire de l'obligation ;
elle ne reçoit ni l'influence du terme, ni
celle du lieu, ni celle du mode de paiement.
C'est la réparation d'un tort, c'est une autre
nature de créance.

Supposez que le créancier n'ait obtenu
jugement que contre un seul de ses débiteurs
solidaires : aura-t-il le droit de forcer les autres à payer les dépens? Non, car il a dé-
pendu de ce créancier de restreindre ses

---

(1) *L.* 43, *ff. de re judicatâ.* Voyez aussi *L.* 10 *ff.*
de appell. et relat.

(2) Tom. 9, p. 135.

poursuites à celui qui présentait seul une garantie suffisante. Alors l'instance, le jugement, les dépens sont devenus tout-à-fait étrangers aux codébiteurs, quoique leur obligation soit restée la même. La solidarité de l'engagement n'a pas reçu d'atteinte par la division de l'action, mais la division de l'action a rendu les dépens personnels.

Supposez encore que le créancier ait fait assigner tous ses débiteurs, et qu'il y ait eu des nullités commises dans l'exploit signifié à l'un d'eux : celui-là sera-t-il solidaire des frais de la procédure valablement intentée contre ses consorts ? Au contraire; il fera, quant à lui, condamner le créancier aux dépens, à cause de la nullité de l'exploit et de tout ce qui s'est ensuivi.

Vous le voyez : les dépens ne forment point un accessoire de l'obligation solidaire.

Je vais en donner une autre preuve. Par suite de l'abolition du régime féodal, tous jugemens et arrêts portant reconnaissance de quelques-uns des droits supprimés furent mis au néant. Un arrêt de cette espèce avait été obtenu par un seigneur, en 1788, avec une condamnation de dépens liquidés à 3061 fr. Dix ans après, le ci-devant seigneur voulut au

moins être payé de ces dépens ; on lui ré- ART.
pondit que l'accessoire devait suivre le sort
du principal. Mais, le 4 germinal an 13, la
Cour de cassation jugea que les dépens étaient
exigibles, parce qu'ils avaient constitué une
créance *particulière, distincte, et indépendante
par sa nature, de ce qui avait formé la matière de l'objet du procès* (1).

Toutefois, une observation que j'ai déjà
faite, en parlant de la contrainte par corps,
retrouve ici sa place (2) : c'est que, dans les
cas où les dépens sont adjugés, pour tenir
lieu de dommages-intérêts, la condamnation
peut être solidaire (3).

Les parties qui figurent au procès, ou qui
y ont été appelées pour le soutien de leurs
propres droits, peuvent seules être con-
damnées aux dépens. Cette condamnation
n'est prononcée contre les tuteurs, les curateurs, les administrateurs, et tous autres agis-
sant pour autrui, que *dans leurs qualités ;* ses
effets tombent directement sur les individus,
ou sur les établissemens qu'ils représentent.

(1) Répert. de M. Merlin, *verbo dépens,* pag. 554.
(2) Voyez ci-dessus, page 540.
(3) Répert. de M. Merlin, *verbo dépens,* pag. 551.

Art.

132.

Cependant s'ils ont compromis les intérêts qui leur étaient confiés, par quelque défaut d'autorisation ou de forme légale, par légèreté, par négligence, ou par un coupable entêtement, le tribunal a le pouvoir de mettre les dépens à leur charge personnelle. De même il est juste de les faire supporter, sans répétition, par les avoués et par les huissiers qui ont excédé les bornes de leur ministère, commis des nullités, ou procédé contre les lois et les règlemens (1).

« En quels cas un mari peut-il être condamné aux dépens d'un procès qui intéresse sa femme ? » M. Carré s'est proposé cette question, et, pour la résoudre, il a fait des distinctions qui se réduisent à ces termes :

« Si le mari défend la cause de la femme, et s'ils viennent à succomber, ils doivent tous deux être condamnés aux dépens.

» Si le mari ne comparaît que pour autoriser sa femme *à ester en jugement*, sans qu'il prenne part à la discussion de l'affaire, il n'est pas considéré comme *partie* dans l'instance, et l'article 130 du Code de procédure ne lui est point applicable.

(1) Décret du 30 mars 1803, art. 102.

» A plus forte raison, sera-t-il affranchi des dépens, s'il a refusé son autorisation, et si la femme a dû obtenir celle de la justice. »

Certes, je n'entends point contester la première de ces solutions : le mari qui plaide avec sa femme, doit supporter avec elle les dépens du procès qu'ils ont perdu.

Je ne ferai pas plus de difficulté pour reconnaître que le mari est à couvert de toute espèce de condamnation, lorsqu'il n'a pas voulu autoriser sa femme à plaider.

Mais est-il également vrai que les dépens ne puissent atteindre celui qui ne s'est montré dans l'instance que pour autoriser sa femme, et n'a rien dit, ni rien écrit sur le fond de la cause? Faut-il, comme l'enseigne M. Carré, le placer sur la même ligne que le mari qui a refusé son autorisation? A mon avis, la différence est grande.

Toutes les condamnations prononcées contre une femme *non autorisée par son mari*, n'engagent point la communauté (1); elles

_____

(1) Code civil, art. 1426. Il y a exception à l'égard des femmes marchandes publiques, mais cette exception confirme la règle; car le mari qui autorise sa femme à entreprendre le commerce, est

Aᴿᴛ. ne peuvent être exécutées, durant le mariage, que sur la nue-propriété de ses biens personnels (1), parce que le mari ayant le droit d'en jouir, ce droit ne peut pas être entamé sans son consentement.

Il y a même raison de décider sous le régime dotal.

Maintenant il faut aborder l'hypothèse contraire.

Le mari a autorisé sa femme. S'il ne l'eût pas autorisée, elle n'aurait pas plaidé ; elle n'aurait pas forcé son adversaire à tracer autour d'elle ces lignes coûteuses de la procédure; elle n'aurait pas succombé ; il n'y aurait pas eu de frais à payer.

A cette première réflexion, on objectera, peut-être, que l'autorisation du tribunal serait venue remplacer celle du mari.

Je pourrais répondre : Il n'est pas présumable que les juges, moins prévoyans que le mari, eussent autorisé la femme à plaider, pour la condamner après. Admettez cependant que l'autorisation de la justice eût été donnée ;

censé approuver tous les engagemens qu'elle prend pour le fait de ce commerce.

(1) Code civil, art. 1424.

le refus du mari n'aurait été que mieux justifié par le résultat du procès.

Mais, à part tout ce vague de présomptions et de possibilités, je reviens à la position du fait : Le mari a autorisé sa femme.
C'est en sa présence, et de son consentement,
qu'elle a plaidé ; car l'autorisation du mari
n'est autre chose, dit M. Toullier, que l'*ap-
probation* qu'il donne aux actes que sa femme
ne peut faire sans son consentement (1) ; il
s'est rendu complice de sa témérité ; il doit
en porter la peine. La condamnation de dépens devra donc être exécutée sur la communauté, ou sur la pleine propriété des biens de
la femme, sans respect pour l'usufruit du mari.

En vain répétera-t-il qu'il a donné une
autorisation toute sèche, et qu'il s'est bien
gardé de se compromettre dans la discussion
du droit. C'est donc à dire qu'il désespérait
du succès, quand il a consenti que sa femme
plaidât? Cette autorisation, avec sa perfide
réserve, n'a donc été qu'une défaveur jetée
sur la cause? Je voudrais alors que la charge
des dépens pût retomber sur lui tout entière.

(1) T. 2, p. 16.

M. Carré cite un jugement du 24 vendémiaire an VII, par lequel le tribunal de cassation a décidé, « que la disposition de l'ordonnance de 1667 qui assujétissait aux dépens toute partie *succombante*, ne pouvait concerner que les véritables parties de la cause, et non un mari uniquement appelé pour autoriser sa femme, *surtout lorsque, comme dans l'espèce, il s'agissait de biens paraphernaux, à l'égard desquels la femme est indépendante du mari* (1). » Notez de plus que la femme était engagée dans le procès long-temps avant son mariage.

Il est fort douteux que ce jugement soit applicable à tous les cas d'une autorisation donnée par le mari. *Modica enim facti circumstantia inducit magnam juris diversitatem.* Quoi qu'il en soit, le motif général qui lui sert de base n'est qu'une pétition de principe, l'une de ces erreurs que l'on rencontre si souvent dans la jurisprudence d'une époque discréditée.

On pourrait extraire des argumens plus spécieux d'un arrêt rendu par la Cour de Montpellier, le 10 floréal an XIII. Il y est dit :

_____

(1) Sirey, t. 2, p. 170.

« Qu'en assimilant l'autorisation maritale au AꞍꞀ.
pouvoir de plaider donné au tuteur par le
conseil de famille, à celui du curateur qui
assiste un mineur émancipé, et autres semblables autorisations, qui ne rendent respon-
sables ni le conseil de famille, ni le curateur
des suites du procès, il faut conclure que,
par son autorisation, le mari n'encourt pas
une plus grande responsabilité que le conseil de famille ou le curateur (1). »

Cette manière d'argumenter par assimila-
tion n'est pas toujours solide.

L'autorisation que donne un conseil de
famille, ou un conseil de préfecture, dans
les cas déterminés par la loi, est le résultat
d'une délibération toute désintéressée; elle
a quelque chose de solennel et de judiciaire,
qui ne permet pas de s'arrêter à l'idée d'une
responsabilité touchant l'issue du procès. De
même, lorsque les juges, sur le refus du
mari, autorisent une femme à plaider, ils
ne s'engagent point à lui faire gagner sa cause.
Enfin, ni le conseil de préfecture, ni le conseil de famille ne figurent au nombre des

(1) Collection nouvelle de M. Dalloz, vᵉ *jugement*,
p. 653.

Art. parties, dans les affaires dont ils ont autorisé
la poursuite.

L'autorisation maritale est d'une nature
tout-à-fait différente. C'est l'acte d'une volonté individuelle, et l'émanation d'une
puissance particulière ; c'est un concours du
mari dans l'instance ; il y devient *partie,*
quelque réservée que soit son attitude au
milieu des débats. Cette autorisation n'est
point en dehors de l'intérêt personnel de
celui qui la donne ; car il a l'espoir de jouir
de ce que sa femme pourra conserver, ou
acquérir, en plaidant. S'il doit recueillir sa
part du succès, pourquoi donc, en cas de
perte, serait-il affranchi de dépens (1) ?

(1) On dira peut-être que le refus du mari ne
l'empêche pas de profiter des fruits du jugement, si
le tribunal, après l'avoir autorisée à plaider, prononce en faveur de la femme, et que cependant il
n'a point couru le risque des dépens. J'en convien-
drai ; mais il en est ainsi, parce que le mari, qui n'a-
vait pas donné son autorisation, *n'était pas partie
dans l'instance.* D'un autre côté, aucun texte de
loi ne le prive de son droit dans ce cas, et les peines
et les déchéances ne se suppléent jamais. L'autorisation a-t-elle été malicieusement refusée ? On peut
lui faire payer les frais que sa femme a été obligée
de faire pour obtenir celle de la justice ; voilà tout.

La Cour de Montpellier, pour appuyer son Art.
système, a ajouté cet autre motif : « Que lors
de la discussion, au conseil d'état, des articles
218 et 219 du Code civil, M. Tronchet ob-
serva que, par l'autorisation, le mari ne s'o-
bligeait point envers les tiers; ce qui déter-
mina l'adoption de ces articles. D'où il résulte que, dans l'esprit du législateur,
l'autorisation du mari ne le rend point responsable, même pour les dépens, des condamnations prononcées contre la femme de
lui autorisée. »

L'observation de M. Tronchet n'avait trait
qu'à l'autorisation donnée par le mari à la
femme *pour contracter*; ce qui voulait dire,
entre autres choses, qu'un mari ne serait
point tenu de payer une somme que sa femme

Lorsque les tribunaux donnent l'autorisation que
refuse le mari, je voudrais que celui-ci ne fût condamné aux frais qu'il a fallu faire à cette occasion,
que conditionnellement, c'est-à-dire pour le cas où
la femme gagnerait le procès auquel il n'a pas voulu
concourir; car, si elle vient à le perdre, le refus du
mari ne peut être blâmé. Cette condamnation
conditionnelle n'aurait rien d'extraordinaire; la loi
ne la repousse point, et l'usage en fournit beaucoup
d'exemples.

Art. aurait empruntée avec son autorisation. Mais l'esprit du législateur ne s'est pas soumis à cette doctrine, même pour les contrats, car l'article 1419 du Code civil porte que « les créanciers peuvent poursuivre le paiement des dettes que la femme a contractées avec le consentement du mari, tant sur tous les biens de communauté, que sur ceux du mari ou de la femme ; sauf la récompense due à la communauté, ou l'indemnité due au mari. » Or, on sait que le consentement du mari n'est autre chose que son autorisation, et c'est dans ce sens que M. Toullier explique l'article que je viens de rapporter : « Si la femme est *autorisée* par son mari pour quelque obligation durant le mariage, le mari ayant par son concours *approuvé* l'obligation, le créancier peut poursuivre le paiement sur ses biens, etc. (1) »

Revenant à l'autorisation donnée par le mari pour plaider, je vais, à mon tour, citer mes autorités.

Voici l'opinion d'un auteur du pays de droit écrit, de Roussille, en son Traité de la dot : « Il faut distinguer : si le mari a auto-

----

(1) M. Toullier, t. 2, p. 30.

risé sa femme dans la poursuite du procès, Art.
alors étant obligé, ainsi que la femme, *aux
dépens*, celui qui les a obtenus peut, faute
de paiement, faire vendre le fonds dotal, *sans
que le mari puisse réclamer aucun usufruit.*
Le procureur qui a occupé pour le mari et la
femme, a le même droit. Si la femme a in-
tenté le procès, autorisée en justice, sur le
refus du mari, il en est autrement ; parce
que la femme, contre la volonté de son
mari, ne peut priver celui-ci de l'usufruit qui
lui est acquis (1). »

La même distinction était faite par Rous-
seau de la Combe (2). On la trouve aujour-
d'hui dans le Répertoire de M. Merlin (3),
dans celui de M. Favard (4), dans le Traité
de l'usufruit de M. Proud'hon (5), et dans le
Droit civil de M. Toullier qui, après avoir
critiqué l'arrêt de Montpellier, résume en
deux mots toute cette doctrine : « Quant au
procès suivi par la femme, *si elle a été autorisée de son mari* , la condamnation aux

____

(1) T. 1ᵉʳ, p. 435, nº 423.
(2) Jurisprudence civile, vº *dot*, sect. 3.
(3) Vº *autorisation maritale*, t. 1ᵉʳ, p. 471.
(4) Vº *jugement*, t. 3, p. 160.
(5) T. 4, nº 1780 et suiv.

Art. dépens prononcée contre elle peut être exécutée sur les biens de la communauté, et même sur ceux du mari. Mais il en est autrement si elle n'a été autorisée que par justice (1). »

Lorsque le ministère public n'agit que *par voie de réquisition*, pour surveiller et conclure (2), on conçoit aisément que ce noble tribut de lumières, qu'il apporte à la justice, ne peut ni lui faire gagner, ni lui faire perdre des dépens.

Mais il est des circonstances que la loi spécifie, dans lesquelles il agit d'office et *par voie d'action*. Les articles 184, 190 et 191 du Code civil, pour les nullités de mariage; l'article 491, au titre de l'interdiction, et une foule d'autres textes en fournissent des exemples. Il est encore là le représentant de la société tout entière, et le défenseur de l'ordre public. Néanmoins il a pu se tromper sur l'application du droit qu'il invoque, ou sur la suffisance des preuves qu'il produit; alors il doit succomber. Les frais de son ac-

(1) T. 2, p. 31.
(2) Voyez ci-dessus le chapitre 4.

tion restent à la charge de l'administration de Art. l'enregistrement, qui en a fait l'avance (1) : toutefois, la partie en faveur de laquelle le jugement est rendu, n'obtient aucune condamnation de dépens ; l'argent qu'elle a été obligée de mettre dehors pour sa défense, elle le perd. Un vieil usage a consacré cette dérogation à la règle générale. Vous croyez peut-être qu'il y a réciprocité? Non : si vous plaidez contre le ministère public, et si le tribunal lui donne gain de cause, vous serez condamné à payer tous les frais qui ont été faits à sa requête, lesquels seront fort rigoureusement recouvrés par l'administration.

Vous étiez un plaideur téméraire, car il a été jugé que vous avez eu tort de résister; mais une présomption pareille ne peut jamais s'élever jusqu'à la hauteur du ministère public, quand bien même on jugerait qu'il avait eu tort d'attaquer (2).

Ce n'est pas que je fasse des vœux pour le système de cette réciprocité, que d'anciens

(1) Voyez l'art. 118 du décret du 18 juin 1811.
(2) Il en est de même pour les affaires de discipline, pour les matières criminelles, correctionnelles et de police.

Art. auteurs ont essayé de soutenir (1); il n'en résulterait qu'une injuste mesquinerie. Certes j'admets que l'action du ministère public est toujours déterminée par une intention de justice, de bon ordre et d'intérêt général; mais, lorsqu'il y a erreur reconnue, le bon ordre, l'intérêt général et la justice veulent que le trésor de l'État supporte en entier les frais d'une action mal fondée, et ceux d'une contradiction légitime. *Toute partie qui succombe sera condamnée aux dépens*, dit le Code; et, lorsque le ministère public se fait *partie principale*, il ne devrait point y avoir d'exception à la loi, en considération de l'organe de la loi.

Cette question se présente sous un autre aspect, lorsque le ministère public plaide dans les tribunaux les causes qui concernent le domaine de l'État, le domaine privé du Roi, la liste civile, et la dotation de la couronne (2). Ici la règle reprend son niveau : le procureur du Roi remplit l'office d'un avocat, dont les cliens sont condamnés aux dépens, s'il arrive qu'ils perdent leur procès.

(1) Rebuffe.
(2) Loi du 8 novembre 1814, art. 14.

En Angleterre, le Roi ne paie pas de frais, et n'en reçoit pas (1).

L'article 1er du titre 31 de l'ordonnance de 1667 défendait aux juges de compenser les dépens, sous quelque prétexte que ce fût. Cet article, contre lequel s'était élevé le premier président de Lamoignon, était d'une inexécutable rigueur, et les juges ne s'y arrêtaient point; ils compensaient, modéraient, suivant les cas, et mettaient hors de cour sans dépens.

L'ordonnance ajoutait que les dépens devaient être taxés, *encore qu'ils n'eussent été adjugés* ; ce qui était une conséquence nécessaire du principe prohibitif de toute espèce de compensation, de modération, et d'exemption. Autrement, disait-on, il en serait de la fin d'un procès, comme de la victoire de Cadmus (2).

Le Code de procédure n'a point de dispositions semblables; et comme il permet de compenser, on convient assez généralement que le silence d'un jugement, en ce qui touche les dé-

(1) Blackstone, liv. 3, chap. 24.
(2) Bornier, t. 1er, p. 284.

pens, doit être considéré comme une compensation implicite, c'est-à-dire qu'aucune des parties n'a droit de demander ses dépens à l'autre.

Les commentateurs interprétaient l'esprit de l'ordonnance dans un sens tel, que les juges devaient prononcer la condamnation aux dépens, lors même qu'elle n'aurait point été *demandée*; ils apportaient pour raison, qu'en matière de contrats et de sentences, on supplée toujours aux choses *de quibus verisimile est partes cogitasse* (1). Avec cette portée d'application, les intérêts judiciaires auraient dû courir de plein droit, et sans qu'il eût été besoin d'y conclure. Le *verisimile* n'allait pourtant pas jusque-là.

Ils ajoutaient que la condamnation aux dépens était la peine des téméraires plaideurs, et qu'il n'était pas nécessaire qu'une peine fût requise, pour que le juge eût le droit de la fulminer (2).

Cette raison ne valait pas mieux que l'autre. La condamnation aux dépens n'est point une peine, légalement parlant. J'ai déjà eu occasion de le faire observer : les dépens

---

(1) Bornier , *ibidem.*
(2) Rodier , page 60ァ.

sont accordés à la partie qui gagne, afin qu'elle soit rendue indemne par la partie qui perd, des frais qu'il a fallu débourser pour soutenir le procès : *propter litem et non propter crimen;* car plaider n'est pas un crime.

Cependant on écrit encore, sous l'empire du Code, que la condamnation aux dépens doit être prononcée, quand même elle n'aurait pas été demandée.

Les auteurs qui professent cette opinion disent qu'elle ne souffrait autrefois aucune difficulté, parce que l'article premier du titre 31 de l'ordonnance portait que les juges *condamneraient* aux dépens, *en vertu de la présente ordonnance* (1). C'est une erreur; l'article portait seulement que les dépens seraient *taxés* en vertu de l'ordonnance, quoiqu'ils n'eussent pas été *adjugés* : ce qui ne supposait nullement qu'ils n'eussent pas été *demandés*. Mais cette erreur même aurait dû mener à une conséquence tout opposée, puisqu'il est à croire que le Code se serait exprimé comme l'ordonnance, s'il eût voulu être entendu comme elle.

(1) M. Carré, Lois de la procédure, t. 1ᵉʳ, p. 310; Dalloz, Collect. nouv., t. 9, p. 657.

Art. Les tribunaux ne peuvent pas plus prononcer *d'office* une condamnation aux dépens, qu'une condamnation aux dommages-intérêts, pour laquelle des conclusions n'auraient point été prises. C'est, dans l'un et dans l'autre cas, un intérêt privé, c'est une indemnité, c'est la réparation civile d'un préjudice; celui qui a le droit de la demander est libre d'y renoncer; et, en justice, ne pas demander, c'est renoncer.

En vain répéterait-on que l'ordre public est intéressé à ce que le *téméraire plaideur* soit condamné aux dépens. S'il en était ainsi, il faudrait que, dans tous les procès, le ministère public fût entendu.

Mais on insiste, et l'on argumente de la disposition impérative de la loi : « Toute partie qui succombera, SERA condamnée aux dépens. »

Je réponds que cette expression SERA se trouve dans une foule d'articles qui ne touchent par aucun côté à l'ordre public. L'article 135 dit que l'exécution provisoire d'un jugement SERA ordonnée s'il y a titre authentique, etc., et dans les mêmes livres, où il est enseigné que la condamnation aux dépens doit être prononcée *d'office*,

on lit que l'exécution provisoire d'un jugement ne peut être ordonnée, si elle n'a été
demandée (1).

Me sera t-il permis de faire remarquer que
ce sont aussi les mêmes auteurs, qui veulent
rattacher à l'ordre public cette question de
dépens, et qui ne voient qu'une disposition
d'intérêt privé, une simple formalité, dont
le défaut se peut couvrir, dans ces termes
de l'article 48 : « Aucune demande ne SERA
reçue, que le défendeur n'ait été préalablement cité en conciliation. »

Cela me semble un intervertissement
d'idées. L'autorité des anciens textes est fort
respectable, et les anciennes traditions peuvent être fort bonnes à suivre, pourvu
qu'elles ne heurtent pas le système de la
loi nouvelle. C'est le cas de dire : *Servia-*
mus in novitate spiritûs, et non in vetustate
litteræ.

Chez les Romains, il était défendu à la
partie victorieuse d'appeler d'une sentence,
sous le prétexte que les dépens ne lui auraient
pas été adjugés, ou qu'ils auraient été trop

---

(1) Excepté dans les cas spéciaux où la loi veut
que l'exécution provisoire ait lieu de plein droit.

ART. modérés : *Si quando una pars quasi læsa per definitivam sententiam, provocatione usa fuerit, interdicimus alteri parti* QUÆ VICIT, *pro hoc tantum modo quod nihil capere pro sumptibus litis, vel detrimentis, vel minus quam opportuerat jussa est, provocationem referre* (1).

De là ce préjugé répandu dans notre vieille pratique, qu'appellation n'échet pour le seul chef des dépens.

« Si celui qui aurait gagné son procès en tous points devant un juge inférieur, disait Rodier, était appelant de ce qu'on aurait compensé les dépens, son appel, fondé sur ce grief, risquerait fort de ne pas réussir (2). »

Toutefois il y en avait qui réussissaient, et c'était à bon droit. Le recours d'appel n'a pas été introduit uniquement pour corriger l'iniquité du juge inférieur, mais aussi pour suppléer à ce qu'il aurait dû faire. Or, toute partie qui succombe doit être condamnée aux dépens, et c'est un véritable grief qu'éprouve celle qui triomphe, quand elle ne reçoit pas l'indemnité de ses frais. C'est une violation de la loi ; cette considération suffit pour qu'il

(1) L. 10, *Cod. quando provoc.*
(2) Page 605.

y ait lieu à l'appel, ou au pourvoi en cassa-   ART.
tion, suivant que le fond du procès a dû
être jugé en premier ou en dernier ressort (1).

Il est de l'intérêt public qu'un avoué plein
de confiance dans la bonté d'une cause, aux
frais de laquelle son client est hors d'état de
suffire, reçoive de la loi un encouragement
et une garantie, s'il consent à faire les avances
nécessaires, pour que le pauvre puisse recueillir les fruits de la justice.

Cette garantie se trouve dans le droit qui
lui est donné de conclure, en cas de succès,
à ce que l'adjudication des dépens soit *distraite*   133.
à son profit, afin qu'il puisse directement en
poursuivre le paiement contre la partie
condamnée.

---

(1) La somme des dépens réclamés est indifférente
pour la *recevabilité* de l'appel, dès que l'intérêt du
litige excède le taux du dernier ressort.

Il faut bien distinguer la *condamnation* aux dépens, de la *taxe* ou *liquidation* des dépens adjugés. On ne peut appeler de la *taxe*, que lorsqu'on appelle en même temps de quelque disposition touchant le fond de la cause (art. 6 du
décret du 16 février 1807). J'expliquerai cela au
chapitre de *la Liquidation des dépens et frais.*

Art.   Pothier définissait en ces termes la distraction des dépens :

« C'est un transport que le client, en faveur de qui le jugement est rendu, est censé
faire à son procureur, de la créance qu'il
acquiert contre la partie condamnée par cette
adjudication de dépens ; et ce transport est
fait par le client à son procureur, pour s'acquitter envers lui desdits dépens, dont il lui
est débiteur. Comme le client ne pourrait
sans injustice refuser ce transport à son procureur, le juge peut, sans le consentement
du client, prononcer la distraction au profit
du procureur; car il peut suppléer un consentement qui ne peut être refusé sans injustice (1). »

La distraction doit être accordée par le jugement même qui porte la condamnation des
133.   dépens. L'avoué ne peut l'obtenir qu'en affir-
mant qu'il a fait la plus grande partie des
avances.

Voici comment on remplit, à cet égard, le
vœu de la loi :

Un jugement se termine toujours par la
disposition relative aux dépens. Dans l'instant

(1) Traité du mandat, n° 135.

où l'on vient de la prononcér, la distraction
est demandée, l'affirmation se fait, et le président ajoute : « Attendu que N., avoué,
affirme qu'il a fait l'avance de la plus
grande partie des dépens, le tribunal ordonne
que la distraction en sera faite à son profit. »

Cette affirmation doit-elle être faite avec
serment ?

« L'affirmation judiciaire, dans la langue
du barreau français, dit M. Toullier, est
synonyme de serment. Tous nos vocabulaires,
tant anciens que nouveaux, s'accordent sur
ce point, et leur doctrine est conforme au
texte de nos lois anciennes et nouvelles, qui
mettent l'affirmation judiciaire sur la même
ligne que le serment (1). »

M. Toullier cite, à l'appui de son système,
le Dictionnaire de Ferrière, le Répertoire,
le Nouveau Denizart et le Dictionnaire de
Prost de Royer.

On remarquait autrefois, dans la jurisprudence et dans la doctrine, une multitude de
ces *synonymies* qui n'étaient, au vrai, que
de la confusion, parce que les mots et les usages
sortant de diverses provinces et de divers

(1) Tome 10, page 571.

ressorts, venaient y mêler, comme à l'envi,
leur origine et leur sens.

« Si notre langue judiciaire marchait
comme celle des Romains, disait un des anciens auteurs cités par M. Toullier, nous ne
serions pas si souvent embarrassés pour assigner
aux matières la place qu'elles doivent avoir. Ils
employaient bien l'un et l'autre mot *affirma-*
tion et *serment*, mais *ils ne confondaient pas*
tout comme nous (1). »

A Rome, *affirmer* c'était attester simplement la vérité d'un fait, sans aucune formalité religieuse ou judiciaire; et toutes les
espèces de *serment* étaient réunies sous les
titres du digeste : *De jurejurando, sive vo-*
luntario, sive necessario, sive judiciali, et
De in litem jurando. Le serment y était toujours appelé *jusjurandum*; faire serment y
était toujours exprimé par *jurare*.

M. Toullier a puisé les motifs de son opinion dans les conclusions que donna M. Merlin, le 28 mars 1810, sur le pourvoi de Fen-
wick et Mason, contre Jona-Jones. Ce dernier appartenait à la secte des Quakers; un

_____

(1) **Prost de Royer**, v° *affirmation*, page 372.

jugement du tribunal de commerce de Bor- ᴀʀᴛ.
deaux avait ordonné *qu'il se purgerait par
serment*, relativement à certains faits. On
sait que les principes religieux des quakers
leur défendent de *jurer* et de prendre Dieu
a témoin. « Le maître a dit aux anciens :
que votre *oui* soit *oui* ; que votre *non* soit
non. » Le tribunal avait donc donné acte
à Jona-Jones de *ce qu'il avait affirmé suivant sa religion, en son âme et conscience,*
que, etc.

La Cour d'appel tint l'affirmation pour
bonne ; et la Cour de cassation décida de
même : « Attendu qu'il est universellement
reconnu que la religion connue sous le nom de
quakérisme défend à ses sectateurs de jurer
au nom de Dieu, et ne leur permet d'autre
serment que d'affirmer *en leur âme et conscience* ; et que l'affirmation prêtée par Jona-
Jones, *en la forme énoncée,* était un véritable
serment. »

Cet arrêt n'a certainement pas jugé qu'une
affirmation judiciaire dût *toujours* être la
même chose qu'un serment.

Cependant M. Merlin avait eu l'ambition
d'aller jusqu'à la démonstration de cette identité. C'était fort inutile pour la cause de

ART. Jona-Jones ; mais à qui possède d'immenses trésors d'érudition, il est permis d'être quelquefois prodigue.

S'il est vrai qu'au temps passé, les mots *affirmer* et *jurer* ont été indifféremment employés au palais, c'est que l'on mettait du serment partout, et que toutes les expressions devaient y tourner. Peut-être aussi, a-t-on pris l'habitude d'abréger, et de dire simplement *affirmer*, au lieu de *affirmer par serment*, comme on avait dû dire d'abord.

Quoi qu'il en soit, cette confusion n'a point été consacrée par les lois nouvelles. M. Regnault de Saint-Jean-d'Angély faisait remarquer avec grande raison, au Conseil d'état, que ces termes : *fausse affirmation* et *faux serment*, ne présentaient pas la même idée ; et le mot *serment* a été seul admis pour exprimer cette garantie que les Romains appelaient *jusjurandi religio*.

La différence est facile à observer dans le Code de procédure civile.

121. Le serment ne peut plus être fait que par la personne elle-même qui doit le prêter.

534. L'affirmation peut encore être faite par un
572. fondé de pouvoir.

Quand la loi veut que l'affirmation soit Art. accompagnée de la formalité du serment, elle le dit, comme dans l'article 189 du Code de commerce.

On voit que cette digression aura son utilité pour les matières qui doivent suivre.

Conclusion : L'avoué qui demande la distraction des dépens, n'est point obligé d'affirmer par serment qu'il a fait la plus grande partie des avances.

La distraction des dépens produit cet effet, que la partie condamnée ne peut opposer les saisies faites entre ses mains, sur son adversaire, pour se dispenser de payer ; ni se prévaloir d'une créance qu'elle pourrait elle-même exiger de ce dernier, pour la compenser avec les dépens distraits. C'est une espèce de fiction qui transporte directement à l'avoué le bénéfice de la condamnation, et ce bénéfice est censé n'avoir jamais résidé en la personne du client.

Notez que la fiction ne va pas jusqu'à décharger le client de toute obligation envers l'avoué, dans le cas où la partie condamnée se trouverait insolvable. Toutefois, l'insolvabilité n'est-elle survenue que depuis le temps où l'avoué aurait pu exercer des poursuites

Art. .utiles, et se faire payer? il est juste alors qu'il supporte seul la peine de sa négligence.

Si la partie condamnée interjette appel, l'avoué qui a obtenu la distraction des dépens, ne peut les exiger, jusqu'à ce que le jugement ait été confirmé; car l'appel est suspensif, et remet en question tout le procès.

Mais il arrive souvent que la distraction est prononcée par un arrêt, ou par un jugement en dernier ressort. Cette hypothèse n'admet plus de recours qui puisse suspendre l'exécution de la chose jugée; l'avoué qui s'est fait payer en vertu de la distraction, ne sera point tenu de restituer, quand bien même le jugement ou l'arrêt viendraient à être casssés ou rétractés. En effet, si la distraction n'eût point été requise, les dépens auraient été payés, comme d'ordinaire, par le *perdant* au *gagnant*, et celui-ci les aurait remis à son avoué qui, dans aucun cas, n'aurait été tenu de les rendre. Or, la distraction des dépens n'a été autre chose qu'une voie plus directe, pour éviter ce circuit. De quelques mains que l'avoué ait reçu le remboursement de ses avances, il n'a reçu que ce qui lui appartenait :

repetitio nulla est ab eo qui suum recepit,
tametsi ab alio quam a vero debitore solutum
sit (1), et la question de restitution ne peut
être agitée que par l'un des plaideurs envers
l'autre.

J'ai dit, à la page qui précède, que l'appel
était suspensif. C'est une maxime qui dérive
si nécessairement de la nature des choses,
qu'on peut la considérer comme un principe
du droit des gens. A quoi servirait le recours
de l'appel, si le réclamant restait exposé à
subir tous les effets d'une condamnation, jusqu'à ce que la justice ait parlé de plus haut?
Melius est occurrere in tempore, quam post
exitum vindicare (2).

La règle ne reçoit jamais d'exception pour
les dépens, lors même qu'ils auraient été
adjugés à titre de dommages-intérêts. Mais
elle fléchit et se modifie quelquefois, en ce
qui concerne *le principal*. Il y a des affaires
où la présomption est trop puissamment consacrée en faveur de la décision de première

(1) *L.* 44, *ff. de condict. indeb.* C. civ., art. 1238.
(2) *L.* 1 , *Cod. quando liceat unicuique sine*
judice se vindicare.

Art. instance, pour que l'équité et la loi se laissent enchaîner à la suite d'un plaideur qui fuit en appelant. D'autres procès sont d'une nature telle, que tout le bénéfice du jugement se tournerait en un dommage manifeste, s'il fallait, pour exécuter, attendre l'expiration des délais après lesquels doit venir un arrêt confirmatif.

135. Le Code a donc déterminé certains cas où l'exécution provisoire du jugement, *nonobstant appel*, pourrait être demandée.

135. Parmi ces cas, se trouvent, en première ligne, ceux dans lesquels l'exécution provisoire *doit* être ordonnée, sans que le demandeur soit obligé de fournir caution. Les voici : « S'il y a titre authentique (1), promesse reconnue (2), ou condamnation précédente par jugement dont il n'y a point d'appel (3). » Il est assez

(1) L'acte authentique est celui qui a été reçu par officiers publics ayant le droit d'instrumenter dans le lieu où l'acte a été rédigé, et avec les solennités requises. Code civ., art. 1317.

(2) L'acte sous seing privé, reconnu par celui auquel on l'oppose, ou légalement tenu pour reconnu, a, entre ceux qui l'ont souscrit, et entre leurs héritiers ou ayant-cause, la même foi que l'acte authentique. Code civ., art. 1722.

(3) C'est-à-dire lorsqu'il s'agit d'une contestation élevée sur l'exécution d'un précédent jugement.

évident alors, disait l'orateur du gouvernement, que la condamnation est juste et bien
appliquée.

Peu importe qu'il y ait contestation sur le
plus ou le moins de la demande, pourvu que
la légitimité de l'acte ne soit pas attaquée. *La
provision est due au titre.*

· A cette occasion, le Tribunat fit une observation qu'il est utile de rapporter :

« Toujours il faut rattacher le Code de
procédure au Code civil. Or l'article 1319 du
Code civil prévoit deux cas, celui de la plainte
en faux principal, et celui de l'inscription de
faux faite incidemment : dans le premier,
l'exécution de l'acte argué de faux doit être
suspendue par la mise en accusation; dans le
second, la chose est laissée à l'arbitrage des
tribunaux. Il est donc indispensable d'insérer
dans l'article 135 du Code de procédure une
disposition qui prouve qu'on n'a pas entendu
atténuer les principes posés par le Code civil,
et que les développemens restent toujours
subordonnés au principe. En conséquence ,
on propose l'addition suivante : *le tout sans
préjudice de l'exécution de la seconde partie
de l'article* 1319 *du Code civil.* »

· Au conseil d'état, cette addition parut inu-

Art. tile, « parce que l'article 135 du Code de procédure ne contenait rien, d'où l'on pût inférer qu'il ait entendu déroger aux exceptions portées dans d'autres articles, et dans d'autres lois qui marchent parallèlement avec lui. »

La partie facultative de cet article 135 comprend plusieurs cas d'urgence, dont l'indication a été tirée de plusieurs anciens règlemens.

« L'exécution provisoire *pourra* être ordonnée, *avec* ou *sans* caution, lorsqu'il s'agira :

» 1° D'apposition et levée de scellés, ou confection d'inventaire ;

» 2° De réparations urgentes ;

» 3° D'expulsion des lieux, lorsqu'il n'y a pas de bail ou que le bail est expiré ;

» 4° Des séquestres, commissaires et gardiens ;

» 5° De reception de cautions et certificateurs ;

» 6° De nomination de tuteurs, curateurs et autres administrateurs, et de reddition de compte ;

» 7° De pensions, ou autres provisions alimentaires. »

Le législateur a dû, sur tous ces points, s'en rapporter à la sagesse et à l'expérience

des magistrats. Par exemple : exiger absolument une caution pour des alimens, ne serait-ce pas les refuser presque toujours?

ART.

La première rédaction de l'article 135 se
terminait ainsi : DANS TOUS LES AUTRES CAS,
les juges pourront ordonner l'exécution pro-
visoire de leurs jugemens, en donnant caution,
ou en justifiant d'une solvabilité constante. Ces
mots furent retranchés; il s'en suit que l'article est limitatif, et que jamais l'exécution
provisoire ne peut avoir lieu, hors des spéci-
fications de la loi.

Cependant M. Pigeau (1) et M. Carré (2)
ont dit que tous les jugemens provisoires (3),

(1) Comment., t. 2, p. 33.
(2) Lois de la procéd., t. 1er, p. 585.
(3) Les jugemens provisoires sont ceux qui, en
attendant la décision d'une contestation au fond,
et sans préjudice aux droits des parties, accordent
à l'une d'elles une somme de deniers, soit pour sa
subsistance, soit pour les frais du procès; ou qui
prescrivent telle mesure préalable pour la conservation de la chose litigieuse. Lorsqu'une demande à
fin de provision a été formée, et que la cause se
trouve en même temps disposée à recevoir jugement
sur le fond, le tribunal prononce à la fois sur le tout.
Art. 134 du Code de procéd. Cela n'avait pas besoin
d'explication.

Art.

en général, abstraction faite de ceux qui accordent des alimens, ou qui sont rendus sur des titres non contestés, ce qui restreint beaucoup le nombre des autres, emportent, de leur nature, l'exécution, nonobstant appel, quoique le Code de procédure n'en parle point; et ils se fondent uniquement sur l'ancienne jurisprudence. Je ne puis admettre cette extension, 1° parce que l'ancienne jurisprudence était elle-même contraire à l'ancienne loi (1); 2° parce qu'il ne faut pas, sous la nouvelle loi, invoquer les abus envahissans de l'ancienne jurisprudence; 3° parce que ce serait donner plus d'essor à ces abus, en rendant facultative aujourd'hui la condition d'un cautionnement, qui était de rigueur autrefois; 4° parce que l'article 1041 du Code abroge formellement toutes lois, coutumes, *usages* et règlemens relatifs à la procédure civile; 5° parce que l'exécution provisoire est une exception, et que toute exception doit être renfermée dans ses termes.

(1) Combinez les articles 3, 4, 5, 14 et 15 du titre 17 de l'ordonnance de 1667, et voyez le Dict. de Prost de Royer, *v° Appel*, t. 5, p. 556.

Les juges ont-ils omis de prononcer l'exécution provisoire, alors qu'ils le devaient? il
ne leur est pas permis de l'ordonner par un
second jugement. C'est toujours la même
règle : *ampliùs judex corrigere sententiam
suam non potest.* Mais, s'il survient un appel,
on peut demander à la Cour l'autorisation de
faire exécuter provisoirement, jusqu'à ce que
vienne son arrêt sur le fond (1). Cela soit dit,
en supposant que devant les premiers juges
on avait conclu à l'exécution provisoire, car
un plaideur ne serait pas admis à se plaindre
de ce qu'on aurait oublié de lui donner ce
qu'il n'avait pas demandé.

Ne croyez pas, toutefois, qu'aucun jugement ne puisse être provisoirement exécuté,
si l'exécution n'a pas été demandée et ordonnée. Il en est qui sont, *de plein droit*, exécutoires par provision. Pour ceux-là, la loi ne
dit pas que l'exécution *sera ordonnée*, ou
qu'elle *pourra être ordonnée*, ce qui s'entend
toujours d'une demande sur laquelle le juge
devra statuer, mais elle VEUT *qu'ils soient pro-*

(1) Cette disposition sera développée au chap. *de
l'appel et de l'instruction sur appel.*

ART. *visoirement exécutés.* C'est un sceau particulier qu'elle grave sur leur dispositif, et qui ne
peut être effacé ni par le silence des juges,
ni par le silence des parties. Tels vous verrez
les jugemens des juges de paix; ceux des tribunaux ordinaires, pour les compulsoires,
pour la délivrance des expéditions refusées
par les notaires; et les ordonnances rendues
contre les témoins défaillans, ou contre les
parties qui troublent l'enquête (1).

Enfin, et par un contraste remarquable,
il y a d'autres jugemens qu'il est toujours
défendu d'exécuter, avant que les délais pour toutes les voies possibles de réformation soient expirés, parce que cette
exécution *provisoire* serait *irréparable*. Ainsi,
lorsqu'une pièce est déclarée fausse, le tribunal ordonne qu'elle sera lacérée, radiée;
mais cette lacération ou cette radiation ne
peut être exécutée, tant qu'il peut y avoir

_____

(1) Les opinions sont partagées sur la question de
savoir si les jugemens des tribunaux de commerce
sont encore *de plein droit* exécutoires par provision:
je la traiterai en son lieu, c'est-à-dire au chapitre
de la procédure devant les tribunaux de com-
merce.

appel, requête civile, et pourvoi en cassation. Art.
S'il en était autrement, tous ces recours seraient illusoires ; la pièce étant anéantie ou
dénaturée, il ne serait plus possible de voir si
c'est à tort ou à raison qu'elle a été jugée
fausse. C'était de même en matière de divorce;
on ne permettait pas aux époux de se rema-
rier provisoirement (1).

Le Conseil d'état avait adopté, pour le Code
de procédure, un TITRE *des renvois par-
devant arbitres*. Voici les articles qui le
composaient :

« Les juges pourront renvoyer les parties
devant un ou plusieurs arbitres, pour les
concilier, sinon pour donner leur avis.

» La partie la plus diligente sommera l'autre, par acte d'avoué à avoué, de se trouver
devant les arbitres, aux jour et lieu par eux
indiqués.

» Il ne sera alloué aucune vacation pour
les arbitres. Leur avis sera déposé au greffe,
et expédié aux parties qui le requerront. »

Le Tribunat vota le rejet.

(1) Code civil, art. 265.

Art.　Cette mesure de renvoi par-devant des arbitres peut avoir quelques avantages, en matière de commerce; mais laisser aux juges ordinaires une pareille latitude, c'eût été augmenter les frais, et multiplier les rouages, sans nécessité.

Les parties auraient déjà long-temps plaidé ou écrit; et il leur faudrait encore aller plaider et écrire devant des arbitres, si le tribunal trouvait bon de se débarrasser sur autrui du soin de débrouiller l'affaire! puis il leur faudrait revenir à l'audience, en cas de non-conciliation, et plaider de nouveau sur l'avis des arbitres! Il y aurait là beaucoup plus de mal que de bien.

Les juges, disait le Tribunat, n'ont pas le droit de déléguer leurs pouvoirs en masse.

Des plaideurs qui ont déjà tenté la concilia-tion en bureau de paix, ne peuvent pas être obligés de retourner devant d'autres conci-liateurs qu'on leur impose et qu'on leur désigne. L'arbitrage forcé est aboli.

S'il y a lieu de craindre que la dignité de l'audience soit blessée par des détails scan-daleux, il faut faire plaider à huis clos.

Le titre *des renvois par-devant arbitres* fut retranché en entier.

Cependant il se trouve encore des com- Art
mentateurs, qui prétendent qu'un tribunal
civil a toujours le pouvoir de renvoyer la
cause et les parties devant un avocat, un
avoué, ou toute autre personne, pour obtenir
un arrangement ou un avis. Leur raison
est que cela se faisait autrefois, et ils ne veulent pas nous faire grâce d'un abus.

FIN DU TOME SECOND.

TABLE SOMMAIRE

DES CHAPITRES

CONTENUS

DANS LE SECOND VOLUME.

CHAPITRE PREMIER.

DE LA CONCILIATION.

Cependant quelques incidens ne sont au fond

CHAPITRE II.

DES AJOURNEMENS.

CHAPITRE III.

CONSTITUTION D'AVOUÉ ET DÉFENSES.

CHAPITRE IV.

DE LA COMMUNICATION AU MINISTÈRE PUBLIC.

CHAPITRE VII.

DES JUGEMENS.

FIN DE LA TABLE.

Poitiers. — Impr. de SAURIN.

www.ingramcontent.com/pod-product-compliance
Lightning Source LLC
Chambersburg PA
CBHW070240200326
41518CB00010B/1632